JN301372

マンガで学ぶ
藍ちゃんの著作権 50講

本間 政憲 著

三和書籍

は じ め に

　著作権の歴史は、テクノロジーの発展と密接に関係しています。著作権という概念は、印刷技術の普及によって生まれたものですし、その後の技術の進歩により、写真や音楽も著作権の対象となりました。そして、近年のデジタル化とインターネットという2大技術によって、さらに大きな変貌を遂げました。誰でも容易に著作物を創作したり、世界中に発信することができ、その一方、誰でも容易に他人の著作物のコピーや改変をすることができます。

　本書では、私たちの日常生活に欠かせない存在となっている著作権を、初めて学ぶ方でも容易に理解できるようにさまざまな工夫をしています。また、詳細説明部分では、弁理士試験受験者等の高度な要求にも十分に応えるべく、内容を充実させました。

本書の特徴

1. 本書は、各章ごとにマンガステージと詳細ステージの2つのステージを設けています。読者の必要性に応じて使い分けることが可能です。

2. マンガステージは私たちの身近なできごとを題材にした4コマ漫画とその解説により構成されていて、著作権を直感的に理解することができます。全50話の4コマ漫画とその解説を読めば、それだけで著作権の基本的な理解ができます。

3. 詳細ステージは、詳しい解説と共にイラスト・要点・裁判例が豊富に組

み込まれていて、具体的なイメージを持って深い理解を得ることができます。解説に関連する著作権法の主な条文を記載しているので、条文集をその都度チェックする必要がありません（なお、記載している条文は、読みやすさの観点等から、一部省略・簡素化しています。ご注意ください）。

4. 平成21年改正法に対応しています。
   平成21年に広範な法改正がありました。具体的な問題に対応した改正が多く、その背景を知らずに条文そのものを読んでも理解が困難なものが多々あります。本書では、法改正の趣旨や具体的な適用例について丁寧に解説するように努めました。

本書が幅広い層に利用され、著作権を身近に感じ、その理解が進むことを心より祈念しています。

本書の出版にあたり、三和書籍高橋社長および本書の出版に一方ならぬご尽力をいただいた下村編集長をはじめとした皆様に、心よりお礼と感謝を申し上げます。

　　　　　　　　　　　　　　　　　　　　　　　　本間　政憲

マンガで学ぶ　藍ちゃんの著作権50講　　目次

登場人物の紹介 xii

第1章 ビジネスと法の基本 1

1話　契約の成立 2
2話　所有権と著作権との相違 4

　　1　契約の成立 6
　　2　所有権と著作権 7
　　3　知的財産権法の体系 9
　　　　(1) 産業財産権法について 9
　　　　(2) 著作権法について 9
　　　　(3) 不正競争防止法等について 10
　　4　著作権法の体系 11

第2章 著作物 13

3話　著作物 14
4話　言語の著作物 16
5話　音楽の著作物 18
6話　美術の著作物 20
7話　映画の著作物 22

8話	プログラムの著作物 ……………………………………24
9話	二次的著作物 ……………………………………………26
10話	編集著作物 ………………………………………………28
11話	共同著作物 ………………………………………………30
12話	保護される著作物と保護の対象とならない著作物 ……32

1　著作物（2条1項1号）……………………………………34
　　分説1　思想または感情とは？
　　分説2　創作的とは？
　　分説3　表現したものとは？
　　分説4　文芸、学術、美術又は音楽の範囲とは？
2　著作物の例示（10条1項）………………………………36
　　(1) 言語の著作物 ………………………………………36
　　(2) 音楽の著作物 ………………………………………36
　　(3) 舞踊又は無言劇の著作物 …………………………37
　　(4) 美術の著作物 ………………………………………38
　　(5) 建築の著作物 ………………………………………42
　　(6) 地図等の著作物 ……………………………………42
　　(7) 映画の著作物 ………………………………………43
　　(8) 写真の著作物 ………………………………………43
　　(9) プログラムの著作物 ………………………………44
　　(10) 二次的著作物 ………………………………………44
　　(11) 編集著作物 …………………………………………46
　　(12) データベースの著作物 ……………………………46
　　(13) 共同著作物 …………………………………………46
3　保護される著作物と権利の目的とならない著作物（6、13条）……48
　　(1) 保護される著作物 …………………………………48
　　(2) 権利の目的とならない著作物 ……………………51

腕だめしクイズ　こんな場合は？　episode A ……………52

第3章 著作者 …… 55

- 13話 著作者の推定 …… 56
- 14話 著作者と著作権者の相違 …… 58
- 15話 職務著作 …… 60
- 16話 映画の著作物の著作者と著作権者 …… 62

1 著作者の定義（2条1項2号） …… 64
2 著作者の推定（14条） …… 66
3 職務著作（15条） …… 67
4 共同著作物の著作者 …… 70
5 映画の著作物の特例（16条等） …… 70

第4章 著作者の権利 …… 73

- 17話 公表権 …… 74
- 18話 氏名表示権 …… 76
- 19話 同一性保持権 …… 78
- 20話 複製権 …… 80
- 21話 上演・演奏権 …… 82
- 22話 公衆送信権 …… 84
- 23話 頒布権 …… 86
- 24話 貸与権 …… 88
- 25話 二次的著作物についての原著作者の権利 …… 90

1 著作者人格権（18～20条） …… 93
　（1）公表権 …… 94

　　　　（2）氏名表示権 …………………………………………96
　　　　（3）同一性保持権 ………………………………………97
　　2　著作財産権（著作権）（21〜28条）………………………101
　　　　（1）複製権 ………………………………………………101
　　　　（2）上演権及び演奏権（22条）………………………104
　　　　（3）上映権（22条の2）………………………………104
　　　　（4）公衆送信権等（23条）……………………………105
　　　　（5）口述権（24条）……………………………………107
　　　　（6）展示権（25条）……………………………………107
　　　　（7）頒布権（26条）……………………………………108
　　　　（8）譲渡権（26条の2）………………………………110
　　　　（9）貸与権（26条の3）………………………………111
　　　　（10）二次的権利（翻訳権、編曲権、変形権、翻案権）（27、28条）…113

　　腕だめしクイズ　こんな場合は？　episode B ………………114

第5章　著作財産権の制限 …………………………………………117

26話　私的使用 ……………………………………………………118
27話　図書館等における複製 ……………………………………120
28話　引用 …………………………………………………………122
29話　学校教育における著作財産権の制限 ……………………124
30話　福祉目的による著作財産権の制限 ………………………126
31話　営利を目的としない上演等 ………………………………128
32話　報道関係の利用 ……………………………………………130
33話　インターネットオークション等における著作財産権の制限 …132
34話　プログラムの著作物の所有者による複製等 ……………134
35話　インターネット検索会社等における著作財産権の制限 …136

1　著作財産権の制限（30～47条の8） 138
　　（1）私的使用（30条） 138
　　（2）図書館等における複製（31条） 142
　　（3）引用（32条） 145
　　（4）学校教育、試験における利用（33、33条の2、34、35、36条） 146
　　（5）福祉目的の利用（37、37条の2） 149
　　（6）営利を目的としない上演等（38条） 153
　　（7）報道関係の利用（39～41条） 155
　　（8）裁判手続、情報公開法等による利用（42、42条の2） 156
　　（9）放送事業者等による一時的固定（44条） 157
　　（10）美術等の著作物に関する利用（45～47条の2） 158
　　（11）プログラムの著作物の複製物の所有者による複製等（47条の3） 161
　　（12）保守、修理等のための一次的複製（47条の4） 161
　　（13）インターネットにおける電子計算機著作物利用関連 162
2　著作財産権の制限関連規定 165
　　（1）翻訳、翻案等による利用（43、47条の3） 166
　　（2）制限規定により作成された複製物の譲渡等（47条の9） 166
　　（3）出所の明示（48条） 167
　　（4）目的外使用等（49条） 168

第6章　保護期間、契約等 171

36話　著作財産権の保護期間（1） 172
37話　著作財産権の保護期間（2） 174
38話　パブリックドメイン 176
39話　著作財産権の譲渡 178
40話　裁定 180

1　著作者人格権の保護期間　182
　　（1）始期　182
　　（2）終期　182
　　（3）著作者の死後は？　182
2　著作財産権の保護期間（51〜58条）　184
　　（1）著作財産権の終期　184
　　（2）著作財産権の終期の計算方法の具体例　184
　　（3）無名・変名、団体名義、映画の著作物の場合の終期　185
　　（4）連載ものの場合の計算方法　186
　　（5）保護期間終了の効果　188
3　著作財産権の譲渡（61、65条）　189
4　利用許諾（63条）　190
5　出版権（79〜88条）　191
6　裁定による著作物の利用（67〜70条）　192
7　補償金等（71〜74条）　194
8　登録（75〜78条の2）　195
9　紛争解決あっせん制度（105〜111条）　197

腕だめしクイズ　こんな場合は？　episode C　198

第7章　著作隣接権　201

41話　著作隣接権　202
42話　実演　204
43話　ワンチャンス主義　206
44話　レコード製作者の権利　208
45話　放送事業者の権利　210

1　著作隣接権全般 212
2　実演家の権利について（90条の2〜95条の3） 212
　　A　保護を受ける実演（7条） 212
　　B　実演家の権利（90条の2〜95条の3） 213
　　　　(1)　実演 213
　　　　(2)　実演家 213
　　　　(3)　実演家人格権 213
　　　　(4)　実演家財産権等 214
　　C　放送の同時再送信について（94条の2、102条） 221
3　レコード製作者の権利（96〜97条の3） 224
　　A　保護を受けるレコード（8条） 224
　　B　レコード製作者の権利 224
　　　　(1)　複製権（96条） 224
　　　　(2)　送信可能化権・補償金（96条の2・102条7項） 224
　　　　(3)　譲渡権（97条の2）、貸与権等（97条の3） 225
　　　　(4)　商業用レコードの二次使用（97条） 225
4　放送事業者の権利（98〜100条） 226
　　A　保護を受ける放送（9条） 226
　　B　放送事業者の権利 227
　　　　(1)　複製権（98条） 227
　　　　(2)　再放送権及び有線放送権（99条） 227
　　　　(3)　送信可能化権（99条の2） 227
　　　　(4)　テレビジョン放送の伝達権（100条） 228
5　有線放送事業者の権利（100条の2〜5） 228
　　A　保護を受ける有線放送（9条の2） 228
　　B　有線放送事業者の権利 228
6　著作隣接権の保護期間（101条） 230
7　裁定（103条） 230
8　著作隣接権の制限、譲渡及び行使等並びに登録（102〜104条） 230

第8章 著作者等の権利侵害に対する措置 …………231

46話 著作財産権の侵害 …………232
47話 著作財産権等の侵害（罰則）…………234

 1 侵害 …………236
 2 侵害とみなす行為（113条）…………237
 3 善意取得の特例（113条の2）…………243
 4 民事上の救済措置（112、114〜118条）…………243
  （1）差止請求権 …………244
  （2）不法行為による損害賠償（民法709条）…………244
  （3）不当利得の返還義務（民法703条）…………246
  （4）名誉回復等の措置（115条）…………246
  （5）侵害立証などの特則 …………246
  （6）著作者などの死後における利益保護（116条）…………248
  （7）共同著作物等の権利侵害（117条）…………248
  （8）無名又は変名の著作物に係る権利の保全（118条）…………249
 5 罰則（119〜124条）…………250
  （1）侵害等の態様と刑罰の内容 …………250
  （2）親告罪（123条）…………251
  （3）両罰規定（124条）…………252

第9章 インターネットと著作権法および著作権法の周辺 253

- 48話　電子メール 254
- 49話　肖像権 256
- 50話　情報モラル 258

1　インターネットと著作権法 260
2　電子メールについて 261
3　ホームページについて 262
4　電子掲示板について 264
5　肖像権について 266

腕だめしクイズの答えと解説 268

● 登場人物の紹介 ●

神島　藍（かみしま　あい）
大学でデザインを勉強中の19歳。
著作権って最近よく耳にするし，知っていると身近なことでいろいろ便利そう。何かちょっと興味ある。そういうわけで，これから著作権のことを勉強してみます。みんなも一緒に始めましょう！

長谷川　雄介（はせがわ　ゆうすけ）
同じ大学でデザインを勉強中の19歳。
趣味はパソコンとバンド。

上原　ハナ（うえはら　はな）
藍の親友。文学部で英文学を勉強中。
趣味の写真はプロ並みの腕前。雑誌社でカメラマンとしてアルバイト中。

神島　六平（かみしま　ろっぺい）
藍の父親。
弁理士。著作権に詳しい。

富田　佳之（とみた　よしゆき）
藍の大学の先輩。
アニメ製作会社勤務。著作権についてときどき六平に相談する。

三枝　尚也（さえぐさ　なおや）
六平のクライアントであるデザイン会社法務部勤務。

灘　幸一（なだ　こういち）
大学の国文学教授。

大沢　さくら（おおさわ　さくら）
アイドル歌手。

コピラ
著作剣（権）をもつ不思議な生き物。詳細不明。
画家バージョン、小説家バージョン等、いくつかの種族がいる。

本章のねらい・ポイント

私たちは、企業活動などのビジネスの場面や買い物などの個人的な活動において、売買契約などさまざまな形の契約を取り交わしています。そこで、まず基本認識として、「契約」について考えてみましょう。次に、私たちにとって身近な権利である所有権と著作権はどう違うのか、また、知的財産権に関する法律の体系とその中の著作権法の位置づけについて確認しましょう。

第1章 ビジネスと法の基本

本章の内容

1 契約の成立
「契約」とは、一般に、当事者間の意思表示（例えば、一方は「売りたい」という意思表示で、他方は「買いたい」という意思表示）の合致によって成立する法律行為をいいます。
意思表示の合致なので必ず複数の人が必要となり、1人だけの行為で契約が成立することはありません。
「契約」については、主に「民法」に規定されています。

2 所有権と著作権
「所有権」とは、ある物（例えば、油絵）を「物体」（有体物）として支配する権利です。一方、「著作権」は、その物に表現されている作者の「個性やメッセージ」などの、形がないもの（無体物）を保護する権利です。同じ油絵に関する権利であっても、保護する対象や性質が全く異なります。

3 知的財産権の体系
知的財産権法には、産業財産権法、著作権法、不正競争防止法などの法律があります。産業財産権法は、その名の通り「産業の発達」を法目的としているのに対し、著作権法は「文化の発展」を法目的としています。

4 著作権法の体系

1話 契約の成立

藍ちゃんは講義終了後、雄介君と街を歩いていて、画廊の1枚の絵に目が止まる。

1
この絵、前からほしかったんだ。

2
後でお金持ってくるので、取っといてくれますか?
はい、かしこまりました。

3
口約束で大丈夫なのか?他の人に、売っちまったら手に入らないぜ。
う〜ん…ちょっと心配かも。

4
すぐお金下ろしてくる!
ちょ!? はやっ。

解　説

- 「藍、売買契約って何だかわかるかい？」
- 「うーん。。と、契約書を書いて売り買いの約束をすることかな？　なんだか難しそう」
- 「だいたい合ってるんだけど、必ずしも契約書は必要じゃないんだよ」
- 「売買"契約"なのに、契約書がいらないの？」
- 「そうなんだ。売る人と買う人との間で『この値段で買いますよ』という合意があればいいんだよ」
- 「じゃ、口頭でも売買契約は成立するってこと？」
- 「その通り」

　画廊で油絵を買う行為は売買契約に当たります。売買契約は売り手の「油絵をこの値段で売ります」という「申し込み」の意思表示と買い手の「その条件で買います」という「承諾」の意思表示によって成立します。

　藍ちゃんは油絵をその値段で買うという意思表示をした上で、代金を用意するまで取り置きしてもらっています。ですから、売買契約は有効に成立しているのです。**口頭でも文書でも違いはありません。**

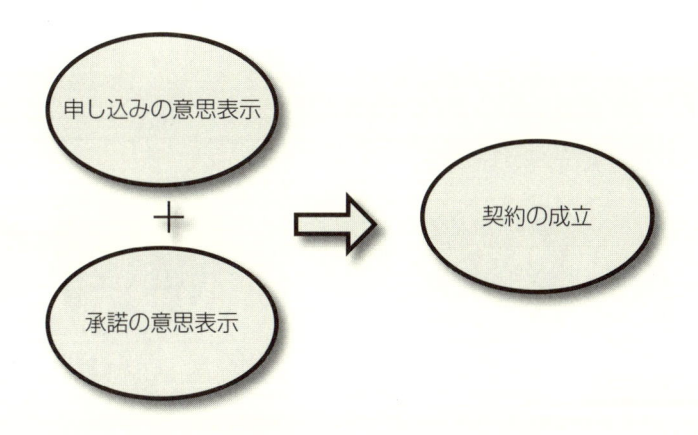

申し込みの意思表示 ＋ 承諾の意思表示 ⇒ 契約の成立

2話　所有権と著作権との相違

藍ちゃんは買ったばかりのリトグラフを自分の部屋に飾って大満足。
しかし……。

1
そうだ。
これ使って
カレンダー作ろっと♪

2
できた！
上出来！
これだったら売れるかも！？

3
それはダメ。
著作権法違反だよ。
お父さん。
いつの間にっ？

4
この絵は私が買ったのに…。
泣かれてもなぁ…。

> 解 説

- 「なんでカレンダーにしちゃダメなの;;」
- 「それはね、絵には2つの権利があるからなんだ」
- 「2つの権利?」
- 「油絵という物体を所有する権利と、勝手にコピーしてはいけないなどのキャンバスに表現された美術の著作物に関する権利だよ」
- 「う……?」
- 「例えば、藍がお店で何か買ってきたら、それは藍のものになるでしょ」
- 「うんうん。自分で使ったり、誰かにプレゼントしたりできるよね」
- 「それが所有権なんだ。油絵についても同じように、売る前は画家に所有権があるんだよ」
- 「へえ、油絵を買うと藍が所有権を持つことになるんだね」
- 「その通り。逆に、油絵を買っただけでは著作権はそのまま画家に残るんだ」
- 「そっか。だから勝手にコピーしてカレンダーにしたらいけないんだね!」

　画家が油絵を制作すると2つの権利が発生します。キャンバスに油絵の具を塗って絵を描き上げた「油絵という物体」に関する権利と、キャンバスに表現された「美術の著作物」に関する権利です。
　物体に関する権利は「所有権」で、美術の著作物に関する権利は「著作権」というわけです。

　所有権はごく身近な権利です。物を買うとその物は自分のものになり、どう使おうと、他人にプレゼントしようとまたは処分しようと自分の勝手です。
　一方、著作権は、その表現された作品を勝手にコピーなどしてはならないという権利です。

藍ちゃんが油絵を買うと、所有権は藍ちゃんが持つことになりますが、著作権は画家にそのまま残ります。
　ですから、藍ちゃんはその絵を友人に譲ることはできても、その絵を勝手にコピー（複製）してカレンダーを作ったりすることはできないのです。

1　契約の成立

文書の価値は？

　口頭でも売買契約自体は成立しますが、お互いの言い分が食い違っている場合はやっかいなことになります。
　藍ちゃんの後から来店した人がその絵をどうしてもほしくて、「２倍の値段で買ってもいい」と言ったらどうなるでしょうか？
　悪い店主ならその客に高く売って、後から藍ちゃんが代金を持ってきても、売るという約束はしていないと言い張るかもしれません。そうなれば、言った言わないの水掛け論となってしまいます。
　このようなときに売ることを約束した文書があれば、問題は一気に解決します。文書が証拠としての価値を発揮するからです。今回も、取り置き時の代金引き換え用文書をもらっておけば、余計な心配をする必要はなかったのです。

> **要点・用語　契約の種類**
>
> 　民法では主な契約のタイプを13種類に分けています。これを「典型契約」といいます。典型契約に該当する契約については、民法でそれぞれの要件、効果が規定されているので、契約文に定めのない事項等についてはそれぞれの要件や効果が適用されます。
> 　しかし、著作権法における主な契約である譲渡契約やライセンス契約は対象が無体財産であるなど特殊性が強いので、上記に該当しない非典型契約（「無名契約」とも言われます）であると解釈されています。
> 　なお、著作権法上のライセンス契約には、独占的権利である「出版権」と非独占的権利である「利用許諾権」が定められています。

2　所有権と著作権

　なぜ所有権と別個に著作権というものが必要なのでしょうか？

著作権がなければ……

　画家は油絵を創作したときは、当然その油絵の所有権を持っています。この油絵を他人が盗んだら窃盗罪に問われます。この場合は所有権を持つことによってその油絵は保護されることになります。

　しかし、画家がその油絵を個展に展示したときに、他人がそれを写真に撮り、その写真を複製画や絵葉書にして販売した場合はどうなるでしょう？

　その他人は窃盗罪に問われることもなく、やすやすと利益を得ることができます。そうなると、画家は、本来売れるはずの複製画や絵葉書の売上が落ちて、制作費に困ることになるかもしれません。

このような場合に著作権は画家を保護してくれるのです。

要点・用語　所有権のみが働く場合

　樹木や動物は著作物ではないので、自分の所有物であっても他人の写真撮影を禁止することはできません。
　また、著作物である絵や写真を譲り受けてそれらが自分の所有物になっても、同様に他人の写真撮影を禁止することはできません。著作権を譲り受けたわけではないからです。

裁判例　顔真卿事件（最S 59.1.20）

　書の写真を所有権に基づいて差止め請求したもの。請求棄却。
　裁判所は、「所有権は有体物の面に対する排他的支配権能であり、無体物である美術の著作物を排他的に支配するものではない」としました。

3　知的財産権法の体系

　知的財産権に関する法律は下記の通りです。このうち、中心となるのは産業財産権法と著作権法です。

（1）産業財産権法について

　産業財産権法というのは特許法等の4つの法律の総称であって、具体的に産業財産権法という法律があるわけではありません。
　これら4法は、いずれも出願という手続を行って、審査で登録査定を受けて、さらに登録料を支払って初めて権利が発生します。また、産業の発達を法目的とする産業法であって、特許庁が所管官庁です。

①特許法
　特許法は、「**発明**」、すなわち「自然法則を利用した技術的思想」を保護します。いわば**技術**に関する法律です。

②実用新案法
　実用新案法も、発明とほぼ同様の「**考案**」を保護します。玩具など特許より身近な技術に関する法律です。実体的要件が判断されないので早期登録が可能です。

③意匠法
　意匠法は、「**意匠**」、すなわち、物品の美的な形態を保護します。いわば、**産業デザイン**に関する法律と言えます。

④商標法
　商標法は、「**商標**」を保護します。商標はその会社等の商品やサービスについての名称やロゴであり、**ブランド**に関する法律と言えます。なお、商標法は権利期間を更新できることが特徴です。

（2）著作権法について

　著作権法は出願、審査、登録という手続や費用の支払なしに権利が発生する

無方式主義を採用しており、文化の発展を法目的とする文化法です。所管官庁は文化庁です。しかし、情報化社会の進展によって著作権法と産業の関わりが密接になりつつあり、産業法的側面が強くなっています。

(3) 不正競争防止法等について

　不正競争防止法は権利を保護するという法律ではなく、事業者の公正な競争を確保するために、不正競争と認められる行為を排除する法律です。不正競争行為としては15の類型がありますが、商標法や意匠法による保護を補完するものもあります。
　その他、種苗法、半導体集積回路の回路配置に関する法律等があります。

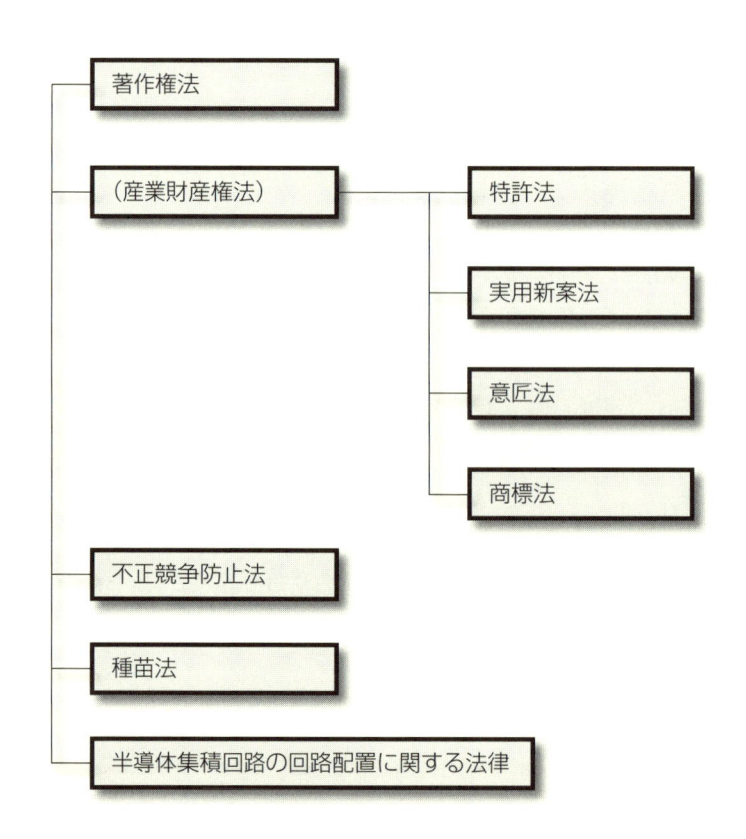

```
├─ 著作権法
├─ （産業財産権法）─┬─ 特許法
│                  ├─ 実用新案法
│                  ├─ 意匠法
│                  └─ 商標法
├─ 不正競争防止法
├─ 種苗法
└─ 半導体集積回路の回路配置に関する法律
```

著作権法と産業財産権法の対比

法律		法目的	保護対象	保護期間
著作権法		文化の発展	著作物他	創作時から著作者の死後50年まで等
（産業財産権法）	特許法	産業の発達	発明（技術）	登録時から出願後20年まで
	実用新案法		考案（技術）	登録時から出願後10年まで
	意匠法		意匠（デザイン）	登録時から登録後20年まで
	商標法		商標（ブランド）	登録時から登録後10年まで（更新可）

4　著作権法の体系

　著作権法の権利は、大きく分けて著作物を創作する著作者の権利と、これに隣接する権利に分かれます。

　著作者の権利は人格的な利益を保護する著作者人格権と、財産的な利益を保護する著作権（以後、この「著作権」のことを「著作財産権」と言います）に分かれます。著作者人格権と著作財産権の具体的な内容は後述します。

　また、隣接する権利には、実演家の権利、レコード製作者の権利、放送事業者の権利、有線放送事業者の権利の4つの権利がありますが、その中で実演家の権利にのみ人格権が規定されています。また、実演家とレコード製作者には報酬請求権も認められています。4つの権利の具体的内容についても後述します。

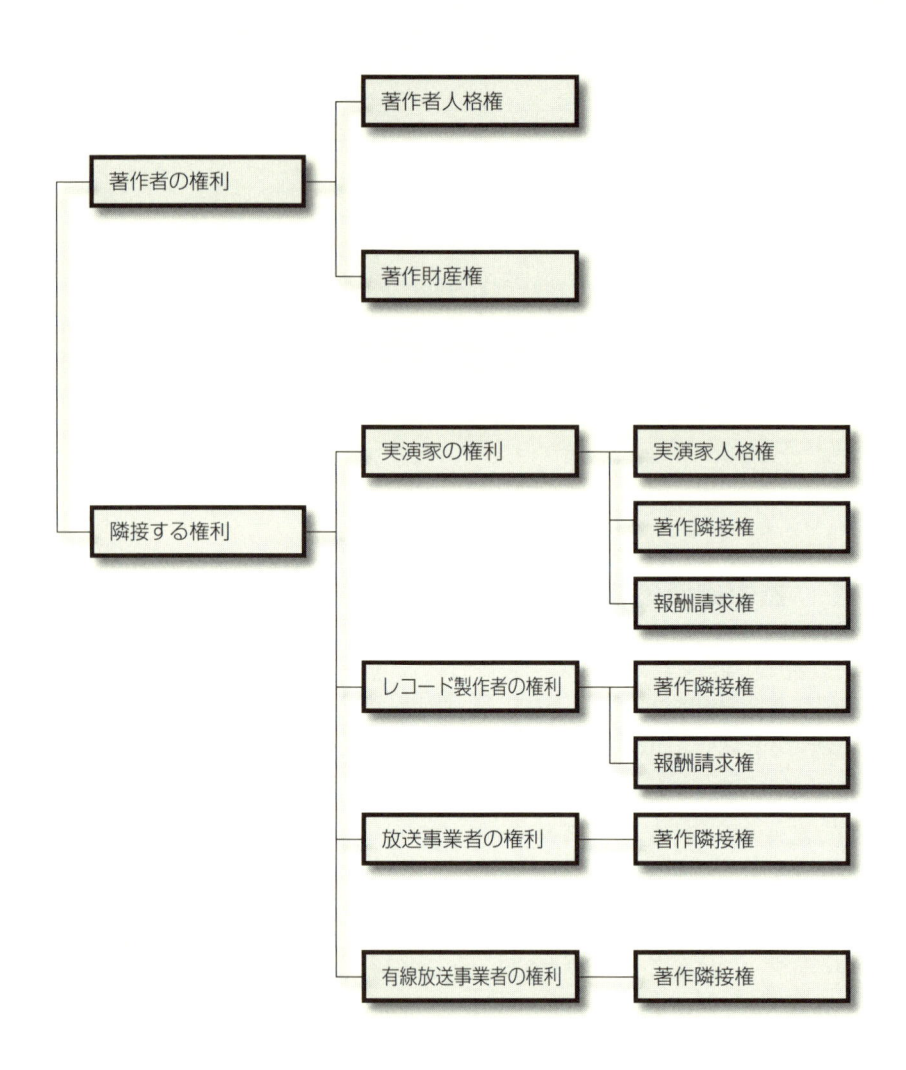

```
著作者の権利 ─┬─ 著作者人格権
              └─ 著作財産権

隣接する権利 ─┬─ 実演家の権利 ─┬─ 実演家人格権
              │                  ├─ 著作隣接権
              │                  └─ 報酬請求権
              ├─ レコード製作者の権利 ─┬─ 著作隣接権
              │                        └─ 報酬請求権
              ├─ 放送事業者の権利 ── 著作隣接権
              └─ 有線放送事業者の権利 ── 著作隣接権
```

うじゃ うじゃ　　　　　ひいっ

本章のねらい・ポイント

創作したものが著作権法の保護対象である著作物に該当するか否かは、最も基本的で重要なことです。本章では、著作物に該当するためには何が必要かを条文に沿って考えてみましょう。また、具体的な著作物の種類についても、列挙している順に従って確認しましょう。

第2章 著作物

本章の内容

1 著作物（全般）
  著作物の定義（2条1項1号）について
2 具体的な著作物
  基本的な種類として
  (1)言語の著作物
  (2)音楽の著作物
  (3)舞踊又は無言劇の著作物
  (4)美術の著作物
  (5)建築の著作物
  (6)地図又は学術的な性質を有する図形の著作物
  (7)映画の著作物
  (8)写真の著作物
  (9)プログラムの著作物
  の9種類が列挙されています。
  それ以外に、応用・組合せ等したものとして
  (10)二次的著作物
  (11)編集著作物
  (12)データベースの著作物
  (13)共同著作物
  が規定されています。
3 保護される著作物と保護の対象とならない著作物
  著作権法で保護される著作物について国籍、発行地、条約上の義務の観点から規定されています。一方、保護の対象とならない著作物についても規定されています。

3話　著作物

藍ちゃんはお父さんから、著作権法で保護を受けるには、まず、創作したものが「著作物」であるか否かが重要であると聞いた。それでは、そもそも「著作物」とはどういうものなのだろうか？

1. 絵や小説や音楽や写真などいろいろな種類があるんだよ。

お父さん、著作物ってどういうものなの？

2. 昨日撮ったスナップ写真も著作物なの？

そこなんだけど、

3. 著作物というのはね、著作権法に「思想又は感情を創作的に表現したもので、文芸・学術・美術・音楽の範囲に属するもの」と定義されていて、それを基に判断されるんだ。

4. でも、完成した時に誰かが判別してくれるわけでもないんだ。

それじゃ、いつわかるの？

| 解 説 |

　著作物か否かは、著作権法2条1項1号の定義（「**思想又は感情を創作的に表現したものであって、文芸、学術、美術又は音楽の範囲に属するもの**」）に照らして判断されます。具体的な著作物のタイプは10条1項に例示列挙されていますが、争いがあったときに最終的に判断する基準は、この定義に当てはまるか否かということです。定義の解釈については34頁を参照してください。

🧒「著作物か否かの判断っていつされるの？」

👨「争いがあって裁判で判断されない限り、通常は、きっちり判断される機会はないな」

🧒「え？ それじゃ不便じゃないの？」

👨「そうかもしれないね。でも、法解釈や判例の積み重ねを参考にすれば、多くの場合は判断できるんだ。だから藍もしっかり勉強するんだよ」

🧒「はぁ〜い」

4話　言語の著作物

藍ちゃんは父の六平と待ち合わせて街の大きな書店に行った。

1
ねぇ。お父さん。言語の著作物って何？
詩、小説、論文などだよ。

2
下手くそな作文でも？
個性があれば、うまい下手は関係ないんだ。

3
インタビューとかはどうなるの？
文字になっていなくてもいいんだよ。

4
ただし、ありきたりの挨拶文などは著作物にならないからね。
？？？

16

解　説

「『言語の著作物』って？」

「言語の著作物の典型的なものとしては、詩、小説、論文などがあるね」

「キャッチフレーズや題号（タイトル）みたいな短いのはどうなるの？」

「キャッチフレーズや題号（タイトル）などの短いものは、一般に著作物性が認められにくいね」

「あまり短いと、思想・感情を創作的に表現したものとはなりにくいから？」

「そう。もっとも、俳句などは、伝統文化としての蓄積があり、短くても著作物性が認められるし、キャッチフレーズでも例外的に著作物性が認められたものもあるよ」

「長い文章は？」

「長い文章でも、単なる事実やその人の個性を発揮していないありきたりの挨拶を連ねただけのようなものは、やはり、思想・感情を創作的に表現したものとは認められず、著作物性はないんだよ。

その反対に、その人の個性を発揮しているような作文は、創作性が認められ言語の著作物に該当するんだよ。上手下手は関係ないね」

「なるほど……。それじゃ、インタビューや講演はどうなるの？　原稿がないとダメなの？」

「言葉になっていれば文章になっていなくても、言語の著作物になり得るんだよ」

「ふーん、そうなのか……」

5話　音楽の著作物

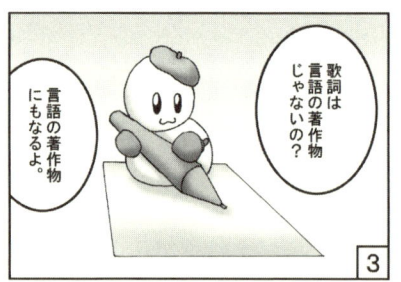

書店の帰り、車の中で……

1
音楽も著作物になるの？
そうだよ。

2
歌詞もメロディーも両方とも著作物になるよ。
へぇ〜。

3
歌詞は言語の著作物じゃないの？
言語の著作物にもなるよ。

4
※「椰子の実」島崎藤村の詩を楽曲の歌詞にした。
そう、例えば「椰子の実」などは、言語の著作物でも音楽の著作物でもあるね。
なるほど…。なんだかお得かも。

> **解　説**

- 「『音楽の著作物』って？」
- 「楽曲や楽曲を伴う歌詞など音によって表されたものを、『音楽の著作物』というんだよ」
- 「『歌詞』は言語の著作物じゃないの？」
- 「詩をそのまま詩として用いれば言語の著作物になるけど、詩にメロディーをつけて歌曲として用いれば音楽の著作物になるんだよ」
- 「つまり、同じ詩であっても、詩集の中に掲載されているものは言語の著作物になり、歌曲集の中に歌詞として掲載されていれば、音楽の著作物ということになるんだよ」
- 「1粒で2度おいしいってわけね！」
- 「そう。それから、その場で思いついて演奏した即興曲であっても音楽の著作物に該当するんだよ。譜面に記載されていなくても表現されたものと言えるからね」
- 「へぇ～、そうなんだ。でも、ずっと覚えているのが大変そう。きっと家に帰ったらせっかく作った曲を忘れてるよ」
- 「藍とは違うって」
- 「それどういう意味よ」

6話　美術の著作物

佳之先輩は自身が考案したアリクイのイラストを基にして、しゃべるアリクイのぬいぐるみ「アリクイネー」の商品化を思いついた。ぬいぐるみの形を決めるのに試行錯誤しやっと完成した。さっそく佳之先輩は玩具会社と契約して、商品の制作・販売を開始した。それを見ていたライバル会社の社員は……。

解　説

「藍ちゃぁぁん。何とかなんないのぉ？　これぇぇぇ」

「これはちょっとひどいわね！　お父さんに聞いてみる」

・・・・・・・・・・・・

「お父さん、どうにかならないの？」

「そうだね。この場合はいわゆる商品化権の侵害に当たる可能性があるね」

「商品化権を侵害する相手には販売の中止や損害賠償を請求できるんだよ」

「商品化権？」

　美術には鑑賞を目的とした**純粋美術**と実用目的を持った**応用美術**があるとされています。

　純粋美術には、絵画、彫刻、版画、漫画、イラスト、書などが含まれ、多くが著作物として保護されます。

　さらに、漫画やイラストのキャラクターを用いてぬいぐるみや文房具などの商品を作ることにも著作財産権（複製権や翻案権）の効力が及び、他人は勝手にそのような商品を作ることはできません。このような商品を作る権利は「商品化権」ともいわれます。

　ライバル会社が著作物である佳之先輩のイラストを基にしたアリクイのぬいぐるみ商品を作ることは、佳之先輩の複製権または翻案権（商品化権）を侵害することになります。その場合、佳之先輩はその会社に警告をして販売を中止させたり、損害賠償請求を行うことができます。

　一方、応用美術はどうでしょうか？

　壺や壁掛けなどの美術工芸品は著作物になりますが、量産されるものについては、いくつかの裁判で争われています。

　著作物性が認められたケースとしては「博多人形事件」があります。

　応用美術に関しては、38頁を参照してください。

7話　映画の著作物

藍ちゃんと佳之先輩は話題の映画「XYZの冒険」を観に行った。興行初日とあって映画館は満員だった。

1
いい映画だったね。
とても面白かったです。

2
佳之先輩。映画も著作物になるんですか？
もちろんだよ。

3
ビデオソフトやゲームソフトも映画の著作物になるんだ。
へぇ～そうなんですか。

4
でも、テレビの生放送番組は映画の著作物にならないんだ。
？？

| 解　説 |

- 「『映画の著作物』ってどういうものなの？」
- 「映画の効果に類似する視覚的又は視聴覚的効果を生じさせる方法で表現されているものを言うんだよ」
- 「はにゅ？」
- 「普通に動画をイメージすればいいと思うよ」
- 「なるほど！　それならわかりやすいね」
- 「あと、物に固定されていることも必要だね。映像がフィルムなどに固定されていなきゃダメなんだ」
- 「だから生放送は映画の著作物に含まれないんだね」

　著作権法上、映画の著作物は以下のものとされています。
　まず、映画の効果に類似する視覚的または視聴覚的効果を生じさせる方法で表現されていることが必要です。次に、「物に固定されている」ことが必要です。
　「映画の効果に類似する視覚的又は視聴覚的効果を生じさせる方法で表現されている」とは、動画のことと考えればいいでしょう。音は必ずしも必要ではありません。
　「物に固定されている」とは、映像がフィルム等に固定されていることを言います。著作物一般は物に固定されている必要はないのですが、映画の著作物は例外なのです。
　したがって、劇場映画に限らず、劇場公開されないDVDのみの映画やテレビドラマ、ホームビデオなども広く映画の著作物に該当することになります。

ゲームも映画の著作物に該当する？

　ゲームの展開は操作者によって異なってきますが、一定範囲のストーリー性を有していて動画により構成されるものは、映画の著作物に該当すると解されています。

8話　プログラムの著作物

藍ちゃんは、グラフィックソフトを使ってイラストを描いている……。

1
コンピュータプログラムも著作物になるんだよ。
はい、差し入れ。
あ、お父さん。

2
絵や音楽とずいぶん違うのにね。
国際的に著作権法の対象とされているんだよ。

3
でも、表現に該当しない解法そのものは著作物にならないんだ。
はうわ…、わかんなくて…。頭が…ぐるぐる…。

4
プログラム言語や規約も…って。うぉい！
ひどい

解　説

- 「コンピュータプログラムは、著作権法と特許法の2つの法律により保護されるんだよ」
- 「う？　著作権法と特許法じゃ保護対象が違うのに？？？」
- 「そうだね」
- 「藍の使っているグラフィックソフトも、発明が含まれていれば特許法の保護対象になるんだ」
- 「かなり高度なテクが使えるもんね！」
- 「それじゃ、著作権法で保護されるっていうのは？」
- 「コンピュータプログラムも作成者の思想等が表現されていれば保護され得るんだ」
- 「よくわかんないけど、プログラムのソースコードとか？？」
- 「他にもオブジェクトプログラムも保護対象になるね」
- 「何らかの形で表現されていることが重要なんだね！」
- 「だからアイデアそのものは著作権法の保護対象にならないんだ。特許法で保護されたとしてもね」
- 「なるほど！　わかった気がする」

　なお、フローチャートや設計図はプログラムの著作物ではありませんが、図形の著作物または言語の著作物として保護対象になり得ます。

9話　二次的著作物

大学内の書店。藍ちゃんは全世界で話題の小説『ベリー・ベター』を手にとり、パラパラとめくった。

1 翻訳者の名前が書いてあるね。
翻訳って著作権と関係あるのかな？

2 それはね、原作を翻訳したものは二次的著作物っていうんだ。
お父さん、いつの間にっ。
やぁ

3 原作とは別に、二次的著作物自体も著作物になるんだ。
へぇ～そうなんだ。

4 他にも、原作品を編曲、変形、翻案したものは二次的著作物になるんだよ。
いろいろありすぎて覚えきれないよぅ…。
たはは。

解　説

- 「翻訳、編曲、変形、翻案……？　はにゃ？」
- 「元の著作物（原著作物）に手を加えたものを『二次的著作物』と言うんだ」
- 「英語の小説を日本語に翻訳したり……？」
- 「そう。それが翻訳。ただし点字化は翻訳に入らないんだ」
- 「うーん。。。ジャズっぽくアレンジとか？」
- 「そうそう。編曲だね」
- 「変形っていうと。。。絵を彫刻にしたりとか？」
- 「写真を絵にするのも変形ですか？」
- 「そうだね。次元や表現形式を変えることを言うんだよ」
- 「じゃぁ、小説を映画化したりするのが翻案かな？」
- 「その通り。他にもプログラムのバージョンアップも翻案に含まれるんだ」

　二次的著作物とは、元の著作物（「原著作物」と言います）に手を加えたり表現形式を変更したりして完成した著作物を言います。ただし、加えた部分に何の創作性もなかったり、機械的に表現形式を変更しただけのようなものは二次的著作物にはなりません。

　具体的には、以下の通り4つのタイプを規定しています。

A 翻訳　　言語の著作物を他の言語体系の国の言語に置きかえることを言います。暗号の解読や点字化は「他の言語体系」と言えないので、翻訳に含まれません。

B 編曲　　原曲に創作性を発揮してアレンジ（クラシックをジャズ風になど）することを言います。

C 変形　　次元や表現形式を変えることを言います。絵画を彫刻にしたり、写真を絵画にすることなどが該当します。

D 翻案　　原作を脚本化・映画化したり、要約したり、コンピュータプログラムをバージョンアップすることなどが該当します。内面形式を保持しつつ外面形式を変更することとも言われます。

10話　編集著作物

ハナちゃんはアルバイト先の雑誌社で仕事をしている。

画像メモリどぞー。

1
そういえば、雑誌も著作物なんですか？
ん？ああ。そうだよ。

2
雑誌の中の記事も著作物だし、記事をまとめた雑誌も著作物なんだ。
え？それじゃ記事も雑誌も同じ著作物なんですか？

3
そうではなくて、雑誌は記事の配置などに工夫するから、編集著作物といわれるんだ。
こんなふうに…。
ほえぇ〜。

4
似たようなもので、データベースの著作物もあるよ。
いっぱいあるんですねぇ…。

> 解 説

　雑誌、辞典、新聞等は編集著作物に該当します。これらはさまざまな解説、記事などの素材を組み合わせて構成されていますが、その**素材の選択又は配列によって創作性があれば**、編集著作物として保護されるのです。

「その素材の選択または配列によって創作性のあることがキーワードなんだ」
「50音別電話帳はダメだけど、職業別電話帳はOKとか？」
「どういった職業別に並べるかに創作性があるからね」

　二次的著作物と異なり、原著作物に加えた部分や表現形式の変更に創作性があるというのではありません。
　また、素材は著作物であっても、単なる事実であっても、どちらでも構いません。
　素材が著作物の場合は、素材の著作物の著作者の権利と編集著作物の著作者の権利が重なってきます。

「データベースの著作物の場合はどうなるの？」
「データベースでは、並べ方よりも検索のしやすさが重要なので、配列ではなくて体系的な構成が要件となるんだ」

　データベースについても編集著作物同様に保護されますが、**選択又は体系的な構成によって創作性があれば**保護されます。データベースでは、並べ方は重要ではなく、コンピュータで検索しやすいことが重要なので、「体系的な構成」としています。

11話　共同著作物

ハナちゃんはミステリー小説が好きだった。ミステリー小説のコーナーにはさまざまな作家の短編ミステリーを集めた話題のミステリー短編集が平積みされていた。

今月の新刊

1 やっと見つけたぁ！読みたかったんだぁ～♪

2 へぇ～5人の作家の短編小説からできているのね。みんな私の好きな作家なの。

3 この本は5人の作家の共同著作物になるんだと思うよ。…たぶん。さすが藍ちゃん、勉強してるね。違うぞ！

4 じゃあ、帰って早速読んできま～す。夜更かしして寝坊しないようにね…。

> 解 説

　藍ちゃん勉強頑張っていますね。でも残念ながら、少し違いました。共同で創作した著作物がすべて共同著作物になるわけではありません。「各人の寄与を分離して個別的に利用できない」ことが必要です。

「各人の寄与を分離して個別的に利用できない」とは？

- 「『各人の寄与を分離して個別に利用できない』ってどういうこと？」
- 「ハナちゃんの買った短編小説集は、作者別に分けることができるよね？」
- 「うんうん。みんなそれぞれ違う持ち味があっていいんだ」
- 「こういう場合は、作者ごとの寄与がはっきりしてるし、それぞれ個別に利用できるよね。だから共同著作物には該当しないんだ」
- 「こういうのは集合著作物と言われてるんだよ」
- 「へぇー。いろいろ違うんだね。。。」

　また、歌詞とメロディーは1つの歌曲を構成しますが、歌詞は詩として利用できる場合もあり、メロディーは他の歌詞を当てはめても成立する場合があります。このような場合は、「結合著作物」と言い、やはり共同著作物には該当しません。

　共同著作物に該当する場合の典型的な例は、座談会などです。座談会で、各人の発言をバラバラに利用することなどできませんよね。

　なお、出版の際にその分野の権威ある先生に名目的な監修者になってもらう場合がありますが、この場合も共同著作物に該当しません。「共同して創作した」とは言えませんよね。

12話　保護される著作物と保護の対象とならない著作物

再び、街の書店。最近は知的財産の本が増えて、コーナーが広くなっている。藍ちゃんは、その中で1冊の著作権の本を手にとった。

1
むぅ…。やっぱり、法律関係の本って言葉が難しいなぁ…。
漢字とか読めないよ…。
日本語…？

2
法律の条文とか判決文はこの作者が作ったものじゃないのに、自分の本の中に入れちゃっていいの？

3
法律条文や判決文は著作権法の保護の対象になっていないんだ。
どうして？

4
国民に広く知ってもらうためだよ。
なるほど。納得。

解　説

　法律や裁判の判決文や通達等は、私たちの生活に大きな影響を与えるものです。したがって、国民に広く知ってもらうことが必要であるため、これらは著作者の権利の対象外とされています。
　また、それらを翻訳や編集したものについても、国等が作成した場合は権利の目的となりません。しかし、民間会社等が翻訳や編集をしたものには著作権が働くことになるので、注意が必要です。
　なお、国等が作成したものでも、白書等は法律や通達等と異なり著作権が働きます。

　一方、保護される著作物としては、
（１）日本国民の著作物
（２）最初に国内において発行された著作物
（３）条約によりわが国が保護の義務を負う著作物
があります。

「さて問題」
「あ、あい……」
「そっくりの著作物が２つ創作された場合、どちらが保護されるのでしょう？」
「どっちかが真似した場合じゃなければ、両方とも保護されます！」
「おお。えらいね。正解」
「たまたま同じものができた場合は、完成の先後や登録の有無に関係なく、どちらも保護されるんだ」
「えへへー。ヤマ勘が当たった（笑）」
「うぉいっ！」

1　著作物（2条1項1号）

著作権法では著作物は

> 思想又は感情を創作的に表現したものであって、文芸、学術、美術又は音楽の範囲に属するものをいう（2条1項1号）。

と定義されています。まず、これを分析してみましょう。

分説1　思想または感情とは？

　人間の考えや思いを言い、単なる事実は該当しないことを言います。例えば、東京タワーが333メートルということは事実にすぎず、著作物にはなりません。

分説2　創作的とは？

　「創作的」なので、正確に写し取ることが目的のパスポート写真や防犯カメラの映像、絵画をそのまま模写しただけの作品は著作物に該当しません。平均株価の推移や顧客リストなどのデータそのものも同様です。完成するのにどれほど手間がかかったかということと創作的ということとは別の問題だからです。
　一方、創作的というとレベルが高いように感じますが、自分なりの**個性**が発揮できていればいいのです。ですから、幼稚園児が描いた絵だから著作物性がないということはありません。

分説3　表現したものとは？

　表現しているものを保護するのが著作権法の特徴です。特許法ではアイデアそのものを保護しますが、著作権法ではアイデア自体は著作物にならず、アイデアを何らかの形で表現して初めて保護の対象となります。

例えば、新しいゲームやスポーツを考案したとしても、それらのルール自体は保護されませんが、ルールを具体的に記載したルールブックは著作権法で保護されます。表現されているからです。

　また、「もの」とは、「物体」ではなく、抽象的な存在を言います。キャンバスに描いた絵も、たまたまそこに描いたものであってキャンバスに必然的に結びついているわけではないのです。

　なので、キャンバスを離れて、カレンダーやハンカチにその絵がコピーされても、権利が及ぶことになります。

分説4　文芸、学術、美術又は音楽の範囲とは？

　著作権法は文化の発展を目的としているので、文化的なものが保護の対象になるという意味です。産業の発達を目的としている産業財産権法とはそこが異なっています。

　これらがすべて満たされれば「著作物」ということになります。

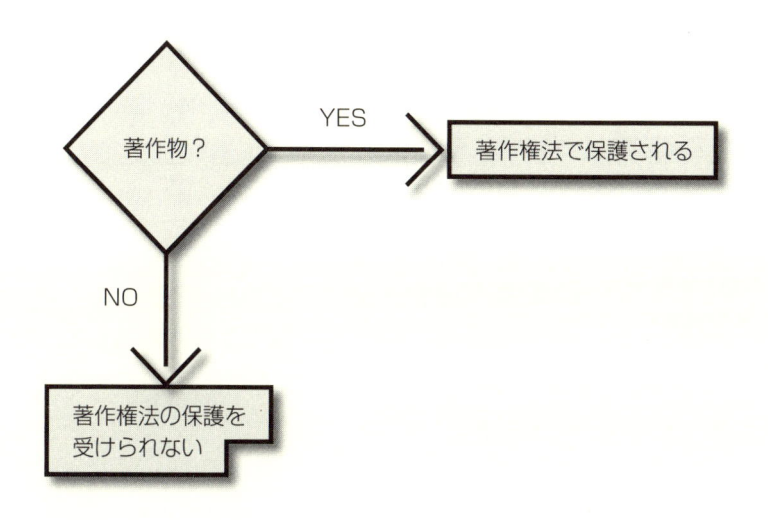

2　著作物の例示（10条1項）

具体的な著作物のタイプは10条1項で列挙しています。

ただし、これらはあくまで例示列挙といって、主な例を示したものです。ですから、著作物の種類はこれらに限定されるわけではないのです。時代の変化により新たなタイプの著作物が発生することも十分に考えられます。

(1) 言語の著作物

> 小説、脚本、論文、講演その他の言語の著作物（10条1項1号）
> 事実の伝達にすぎない雑報及び時事の報道は、前項第1号に掲げる著作物に該当しない（10条2項）。

例えば、新聞記事はその多くが著作物性があるものと思われますが、死亡記事など事実の伝達にすぎないものは著作物に該当しないのです。

(2) 音楽の著作物

> 音楽の著作物（10条1項2号）

要点・用語　著作物の原作品について

絵や写真の著作物には原作品が存在しますが、音楽の著作物や言語の著作物などについては原作品というものが存在しません。音楽の著作物や言語の著作物は、作曲家や小説家がメロディーや言語により頭の中で完成したものが本体ですので、物理的な意味の原作品という概念がないのです。

楽譜や小説原稿は、すでに頭の中で完成した著作物を紙に書き留めたものといえるでしょう。ですので、楽譜や原稿は、コレクションとしての価値はあるものの著作物たる原作品とはいえないのです。

要点・用語　サウンドロゴは音楽の著作物？

「サウンドロゴ」とは、ＣＭなどにおいて、企業名や商品名を音声化した数秒程度の長さのものをいいます。メロディーをつけたり、効果音を加えることによって宣伝効果を高めることを目的としています。

サウンドロゴが音楽の著作物に該当するか否かについて確立した解釈はありませんが、企業のサウンドロゴを制作した作曲家とその企業がサウンドロゴの著作物性について東京地裁で争った事案があります（結果は和解により終結しました）。

（3）舞踊又は無言劇の著作物

舞踊又は無言劇の著作物（10条1項3号）

舞踊又はパントマイム（無言劇）の振り付け（型）が本号の著作物になります。踊りそのものは、実演（著作隣接権）に該当し、本号には該当しません。

ロボットダンス

（4）美術の著作物

> 絵画、版画、彫刻その他の美術の著作物（10条1項4号）
> この法律にいう「美術の著作物」には、美術工芸品を含むものとする（2条2項）。

応用美術の著作物性はどうなのだろうか……

著作権法では、実用目的を持った応用美術のうち一品制作の美術工芸品（壺や壁掛けなど）も美術の著作物に含まれます。

さて、実用目的を持ち、かつ量産されるものについては、美術の著作物として保護されるでしょうか。

量産される応用美術の著作物性は？

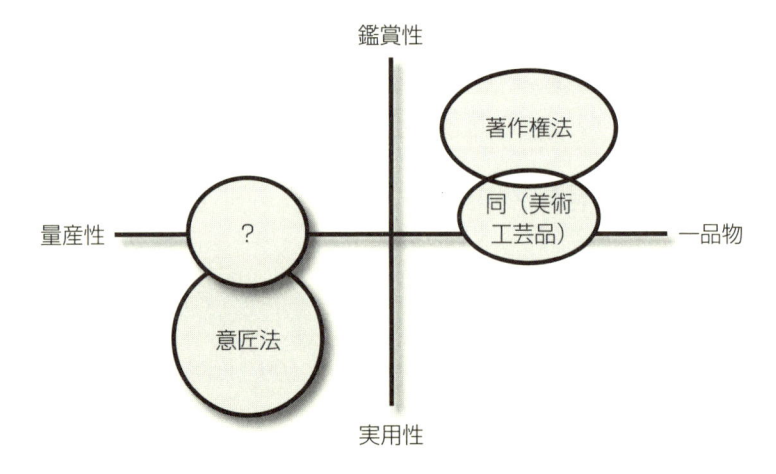

```
                    鑑賞性
                      │
                      │      ╭─────╮
                      │      │著作権法│
                      │      ╰─────╯
                   ╭───╮  ╭───────╮
                   │ ? │  │同（美術 │
  量産性 ──────────┤   ├──┤ 工芸品）├────── 一品物
                   ╰─┬─╯  ╰───────╯
                   ╭─┴─╮
                   │意匠法│
                   ╰───╯
                      │
                    実用性
```

人形などの量産される実用品は基本的に意匠法で保護されますが、著作権法でも保護されるかどうかが裁判で争われています。「博多人形事件」（長崎地判 S48.2.7）では著作物性が認められ、「ファービー人形事件」（仙台高 H14.7.9）では認められませんでした。

量産される応用美術の著作物性は**実用性を離れた独立した鑑賞性の有無がポ**

イントといえそうです。

キャラクターの著作物性について

漫画は美術の著作物ですが、キャラクターも漫画の著作物として保護されます。

ただし、キャラクターそのものは、人格のような抽象的なもので具体的な表現ではないことから著作物とは認められていません。

> 裁判例　**ポパイネクタイ事件（最H 9.7.17）**
>
> 　著作権に基づいた差止め等請求事件。請求棄却。
> 　この中で、キャラクターの著作物性について、裁判所は「キャラクターとは、漫画の具体的表現から昇華した登場人物の人格ともいうべき抽象的概念であって、具体的表現そのものではなく、思想・感情を創作的に表現したとはいえないので、著作物とはいえない。」と判断しました。

キャラクターそのものは著作物ではなく漫画などの著作財産権に基づいて保護される。

その他、書や舞台装置も美術の著作物に含まれます。

> **裁判例** タイプフェイス（ゴナ書体）事件（最H 12.9.7）
>
> 　タイプフェイスの著作物性について争われた。印刷用書体製造販売会社が書体販売会社に対して、自己の書体を複製したとして差止め請求等を行った。上告棄却。
> 　裁判所は「従来の印刷用書体に比して顕著な特徴を有するといった独創性を備えることが必要であり、かつ、それ自体が美術鑑賞の対象となりうる美的特性を備えていなければならないと解するのが相当である。」としました。

書はどうして美術の著作物？

　一般に、文字は美術の著作物には該当しませんが、書の墨汁の濃淡や筆の運びなどは絵画と共通するので、美術の著作物に含まれるとされています。

上手いっしょ（書）♪

要点・用語　**ロゴは著作物？**

　「ロゴ」とは、会社名や商品名などの文字を特徴のある書体に図案化した、デザイン文字（デザイン書体）のことを言います。
　この「ロゴ」が美術の著作物になるのかについては、いくつかの裁判で争われましたが、タイプフェイス事件（「裁判例」を参照してください）同様に著作物性について厳しい判断がされています。
　（「いわゆるデザイン書体も文字の字体を基礎として、これにデザインを施したものであるところ、文字は万人共有の文化的財産とも言うべきものであり、また、本来的には情報伝達という実用的機能を有するものであるから、文字の字体を基礎として含むデザイン書体の表現形態に著作権としての保護を与えるべき創作性を認めることは、一般的には困難であると考えられる」ロゴマーク Asahi 事件、平成8年1月25日、東京高裁）

第2章　著作物

（5）建築の著作物

> 建築の著作物（10条1項5号）

　建築の著作物とは、建築芸術と言える宮殿や寺院などが主な対象です。居住目的の通常の住宅やビルなどは、ほとんど著作物に該当しません。グッドデザイン賞を受賞した注文住宅のモデルハウスの著作物性が否定された裁判例もあります。建築物のうち著作物に該当するのはほんの一部と言えそうです。

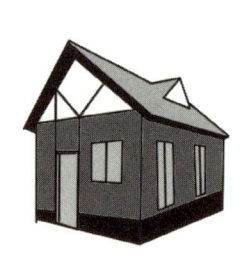

（6）地図等の著作物

> 地図又は学術的な性質を有する図面、図表、模型その他の図形の著作物（10条1項6号）

　住宅地図のように正確に記載しなければならない地図は著作物性がない場合もありますが、地図情報を取捨選択したりオリジナルのマークを付したりで一定の創作性が認められれば著作物に該当します。同様に、設計図、図表、地球儀、人体模型なども著作物に該当する場合があります。

(7) 映画の著作物

> 映画の著作物（10条1項7号）
> この法律にいう「映画の著作物」には、映画の効果に類似する視覚的又は視聴覚的効果を生じさせる方法で表現され、かつ、物に固定されている著作物を含むものとする（2条3項）。

(8) 写真の著作物

> 写真の著作物（10条1項8号）
> この法律にいう「写真の著作物」には、写真の製作方法に類似する方法を用いて表現される著作物を含むものとする（2条4項）。

　写真は、構図や撮影方法などに創作性があると認められれば著作物に該当し、証明写真など、事実を正確に写し取るような場合は著作物性が否定されます。

　また、映画の著作物が一定の**効果**があれば映画の著作物に該当しうるのに対し、写真の場合は、写真の製作方法に類似する**方法**を用いて制作するものは写真の著作物に含まれるとされています。

(9) プログラムの著作物

> プログラムの著作物（10条1項9号）
> プログラムの著作物に対するこの法律による保護は、その著作物を作成するために用いるプログラム言語、規約及び解法に及ばない（10条3項）。

プログラムとは、「電子計算機を機能させて一の結果を得ることができるようにこれに対する指令を組合わせたものとして表現したものをいう」（2条1項10号の2）と規定されています。また、上記プログラム言語等については以下のように規定されています。

i	プログラム言語	プログラムを表現する手段としての文字その他の記号及びその体系をいう（10条3項1号）。
ii	規約	特定のプログラムにおける前号のプログラム言語の用法についての特別の約束をいう（同2号）。
iii	解法	プログラムにおける電子計算機に対する指令の組合せの方法をいう（同3号）。

著作権法では、基本的類型に加え、以下の応用的な類型も著作物として規定しています。

(10) 二次的著作物

> （二次的著作物とは）著作物を翻訳し、編曲し、若しくは変形し、又は脚色し、映画化し、その他翻案（ほんあん）することにより創作した著作物をいう（2条1項11号）。

二次的著作物とは、原著作物のストーリーなどの内面形式を保持しつつ、外面形式を変更するものとも言われます。この二次的著作物も1つの著作物なので、原著作物から独立した著作物として成立し、保護されます。

要点・用語　　**絵を写真撮影することは「変形」？**

　絵画を彫刻にしたり、写真を絵画にすることは、通常、変形に該当します。しかし、絵を写真に撮った場合は、一般に二次的著作物（変形）に該当しないとされています。
　絵を写真に撮った場合は、正面から撮るしかなく、創作性を発揮する余地がほとんどないからです。その場合は、複製の概念に含まれると考えられます。
　なお、彫刻を写真に撮った場合はどうでしょうか？
　絵を撮影した場合よりも二次的著作物に該当する可能性が高いと言えます。正面以外にいろいろな角度から撮影することができ、その分、創作性を発揮できる可能性があるからです。

(11) 編集著作物

> 編集物（データベースに該当するものを除く）でその素材の選択又は配列によって創作性を有するものは、著作物として保護する（12条1項）。

編集著作物で「選択又は配列によって創作性を有する」とは？

　例えば電話帳を作成する場合に、職業別の電話帳はどの職業を選ぶか、どういう順番で並べるかに工夫が必要なので編集著作物に該当するのに対し、50音別電話帳は機械的に作成可能なので、創作性が認められず編集著作物には該当しないと解されています。

(12) データベースの著作物

> データベースでその情報の選択又は体系的な構成によって創作性を有するものは、著作物として保護する（12条の2第1項）。

　データベースとは、「論文、数値、図形その他の情報の集合物であって、それらの情報を電子計算機を用いて検索することができるように体系的に構成したものをいう」（2条1項10号の3）と規定されています。
　データそのものは創作性がなく保護されませんが、データベースは情報の選択または体系的な構成によっては創作性が認められるので、その場合は著作物性を有します。

(13) 共同著作物

> （共同著作物とは）2人以上の者が共同して創作した著作物であって、その各人の寄与を分離して個別的に利用することができないものをいう（2条1項12号）。

共同著作物の態様としては、前述の座談会のように各人の発言が組み合わされて1つの著作物を構成する場合の他に、1つの著作物を創作する際に、各人の寄与が融合して一体化している場合もあります。このような場合も、各人の寄与を分離して利用することは不可能だからです。

| 裁判例 | **キャンディキャンディ事件（東高H13.3.30）** |

漫画は原作の二次的著作物か否かについて争われました。

裁判所は、「本件の場合、原作原稿に基づいて漫画が作成されたので、漫画は原作を翻案したもので二次的著作物に該当する」と判断しました。

（原作と漫画の関係はその相互影響の度合いによって、漫画が原作の二次的著作物となったり、漫画と原作の共同著作物となったりすると考えられます。）

ペン入れするね。

下書き出来たよ。

3　保護される著作物と権利の目的とならない著作物（6、13条）

(1) 保護される著作物

> 著作物は、次の各号のいずれかに該当するものに限りこの法律による保護を受ける（6条）。
> 1．**日本国民**（わが国の法令に基づいて設立された法人及び国内に主たる事務所を有する法人を含む）の著作物（同1号）
> 2．**最初に国内において発行された**著作物（最初に国外において発行されたが、その発行の日から30日以内に国内において発行されたものを含む。）（同2号）
> 3．前2号に掲げるもののほか、**条約**によりわが国が保護の義務を負う著作物（同3号）

　1号は国籍、2号は発行地、3号は条約上の義務によってそれぞれ保護を受けることとなります。条約としては、ベルヌ条約、万国著作権条約、TRIPS協定等があります。この規定があるので、外国人も日本人同様に著作権法によりわが国で保護されるのです。
　特許法でも、パリ条約等の条約上の義務により、外国人もわが国においてわが国国民と同様に保護されます。しかし、保護を受けるためには、わが国に特許出願して、設定登録を受けなければなりません。
　一方、著作権法は無方式主義なので、条約上わが国で保護される外国人は、完成した著作物について、何の手続をしなくてもわが国で保護されることになるのです。

要点・用語　「条約」について

■ベルヌ条約（1886年）　著作権法における最も基本的な条約です。ベルヌ条約の主な特徴は下記の通りです。
・保護範囲について
　　同盟国民の著作物および非同盟国民の著作物であって同盟国内で第一発行または同時発行されたものが保護される。
・**内国民待遇の原則**が適用される。ただし保護期間については例外的に**相互主義**が採用される。
　（「内国民待遇」というのは、他の同盟国民に対して自国民と同じ保護を与えることをいいます。「相互主義」とは、他の同盟国の国民に対しては、他の同盟国が保護する水準と同じ水準の保護をすることをいいます。したがって、ある同盟国（A国）の保護期間がわが国より短い著作者の死後25年であった場合、わが国のA国国民に対する保護期間は著作者の死後25年となります）
・**無方式主義**の原則
・遡及効
■万国著作権条約
・方式主義国とベルヌ条約加盟国との架け橋的条約
■WIPO著作権条約
■TRIPS協定
■実演家等保護条約、レコード保護条約、WIPO実演・レコード条約

> **要点・用語** 発行とは？

　「著作物は、その性質に応じ公衆の要求を満たすことができる相当程度の部数の複製物が、複製権者等により作成、頒布された場合、発行されたものとする」（3条1項）とされています。印刷物であれば概ね何十部という単位で配布されれば発行されたものとされています。
　この「発行」等により公表されたものと認められます（4条1項）。

> **要点・用語** ©マークについて

　著作権保護については、多くの国が無方式主義を採用していましたが、米国等一部の国は方式主義を採用していました。このため、無方式主義国の国民が米国等で保護を受けるために、万国著作権条約が締結されました。
　万国著作権条約では、著作物に©マーク等をつけていれば、米国等方式主義国でも保護されることとされたのです。
　しかし、現在では米国もベルヌ条約に加盟し、方式主義国はほとんど皆無になりました。なので、実質的には©マークをつける必要はなくなっています。
　現在においては、©マークは著作者であることを示すための表示であって、法律的な意味はほとんどありません。

(2) 権利の目的とならない著作物

　一方、すべての著作物を保護対象とすると、かえってその著作物の創作趣旨に合致しないことから、以下のものについては、保護対象から除外しています。

次の各号のいずれかに該当する著作物は、この章の規定による権利の目的となることができない（13条）。
1．憲法その他の法令（同1号）
2．国若しくは地方公共団体の機関、独立行政法人又は地方独立行政法人が発する告示、訓令、通達その他これらに類するもの（同2号）
3．裁判所の判決、決定、命令及び審判並びに行政庁の裁決及び決定で裁判に準ずる手続により行われるもの（同3号）
4．前3号に掲げるものの翻訳物及び編集物で、国若しくは地方公共団体の機関、独立行政法人又は地方独立行政法人が作成するもの（同4号）

　13条4号の編集物からは、データベースに該当するものが除外されています（12条1項かっこ書き）。したがって、国等が作成するデータベースは権利の目的になります。

腕だめしクイズ　こんな場合は？　episode A

　学生Aは、商業デザインの勉強をしていた。

　ある日、インターネットで新商品（飲料）のオリジナルロゴ募集の案内を見つけ、これに応募することにした。「H」の欧文字をオリジナル書体で表現することが課題で、飲料メーカーはこれを商品ロゴとして使用するというものであった。

　Aは書体が掲載された書物を徹底的にチェックし、従来の書体にはない表現で「H」のロゴを完成させた。

　Aが応募したロゴは見事採用され、新商品（飲料）のラベルに表示され全国で発売された。

　新商品が発売されて半年経過して、あるスーパーの食品売り場でAが創作したロゴとそっくりのロゴで「Hamada」（「H」の書体がうりふたつ）と表示された調味料を発見した。

　Aは、盗作されたと感じ、友人Bに相談した。Bは、「商標としては別だから、デザインの保護だね。意匠かな？　著作権かな？」と考え込み、「わからないよ」と告げた。

　※この事例は、フィクションです。実際の判例とは無関係に創作したものです。

あなたはこの事件について、どのように感じましたか？ 予想してみてください。

《予想》
1. ロゴは創作されたものであるから著作物である。よって著作権法で保護される。
2. ロゴは著作権法の保護になじまない。
3. その他（　　　　　　　　　　　　　　　　　　　　　）

本章のねらい・ポイント

著作物の次に著作者について考えてみましょう。著作権法では著作者と著作権者が規定されていますが、どう違うのでしょうか？ また、著作者の推定という産業財産権にない独特の規定もあります。職務著作や映画の著作物の場合も独特の規定ぶりになっていることに注意してください。

第3章 著作者

本章の内容

1 著作者の定義
2 著作者の推定
　著作権法独特の規定です。著作権法では権利を取得するのに何の手続も要らないのですが、その一方、誰が権利者か不明確な場合があります。そのために本規定を設けています。
・著作権者
　著作権（著作財産権）を持つ者を言います。著作者の権利のうち著作者人格権のみに着目する場合と、著作財産権のみを持つ者をいう場合の2通りの場合があります。
3 職務著作
　一定要件の下、会社等も著作者になります。プログラムの著作物は他の著作物と相違する点に注意してください。
4 共同著作物の著作者
5 映画の著作物の特例

13話　著作者の推定

藍ちゃんは著作権の本の巻末（奥付）に掲載されている著作者の名前を見た。

1.　巻末に載っているのが著作者なのね。

2.　普通の位置に載っていれば著作者と推定されるんだよ。
　　そうじゃないとわかりにくいもんね。

3.　ペンネームでもいいの？
　　藍の場合はダメなんだ。

4.　有名じゃないと推定されないんだよ。
　　どうせ、ただの学生ですよ…。

解　説

　著作者とは「著作物を創作する者」を言います。
　しかし、著作権法はなんの手続も必要とせずに権利が発生する無方式主義を採用しています。そうなると、他人にとって、その著作物を創作した者が誰であるか判断するのはなかなか大変です。
　また、著作者が侵害者に権利行使を行う際に、自分が著作者であることを証明するのも大変です。

　そこで、書籍の奥付（著者、発行者、発行年月日、定価などが表示されている巻末の部分）に著作者として記載されるなど、実名または**周知な変名**が著作者名として通常の方法で表示されていれば、その者は著作者であると推定されると規定されています。

「なんで私のペンネームはダメなの。。;;」
「著作権法は何の手続も必要とせずに権利が発生するよね」
「無方式主義って言うんだよね」
「そうそう。その通り」
「でも、そうなると著作物の創作者が誰か判断しづらくなるよね」
「うん。。。この本は私が書いたものです！　って書かなきゃね」
「実名や有名（周知）なペンネームだと本人と特定できるけど。。」
「藍のペンネームを見て、誰が藍本人だと気づいてくれるかな」
「なるほど。。。分かったよぉ。。。」

14話　著作者と著作権者の相違

藍ちゃんはその著作権の本のページをめくっているうちに「著作者」という言葉と「著作権者」という2つの言葉があることに気付いた。

1
著作者って著作物を創作した人のことでしょ？著作権者って誰のこと？

2
著作財産権を持っている人のことを言うんだよ。著作者は著作権者でもある場合が多いけど、著作者じゃない人も著作権者になることがあるんだ。

へぇ～

3
著作者の権利のうち、著作財産権のみは他の人に移転できるんだよ。移転を受けた人が著作権者になるんだ。

そうすると、どうなるの？

4
移転された時、著作者は人格的な権利のみ、著作権者は財産的な権利のみを持つんだよ。

権利が分かれているのね。

| 解　説 |

　著作者とは「著作物を創作した者」を言い、著作物の創作により「著作者の権利」が発生します。著作者の権利として**著作者人格権**と**著作財産権**の2つがあります。

　一方、著作権者とは著作財産権を有している者を言います。

　著作物を創作した著作者は、著作財産権も有しているので、著作者であり、著作権者でもあります。

「著作財産権を移転できるのはわかったけど、著作者人格権は移転してしまうことはないの？」

「私は自分の描いた絵のタッチとか勝手に変えられちゃったらイヤだな」

「著作財産権と違って、著作者人格権は他人に移転することができないんだ。そのまま著作者に残るんだよ」

「これを一身専属というんだよ」

「一身専属。。。絶対誰んとこにも行かない……みたいな」

「著作財産権のみが移転され、著作者人格権はそのまま残る場合、人格権のみを有する者を著作者、著作財産権のみを有する者を著作権者と言うんだ」

「なるほどね。そこで区別してるんだね」

15話　職務著作

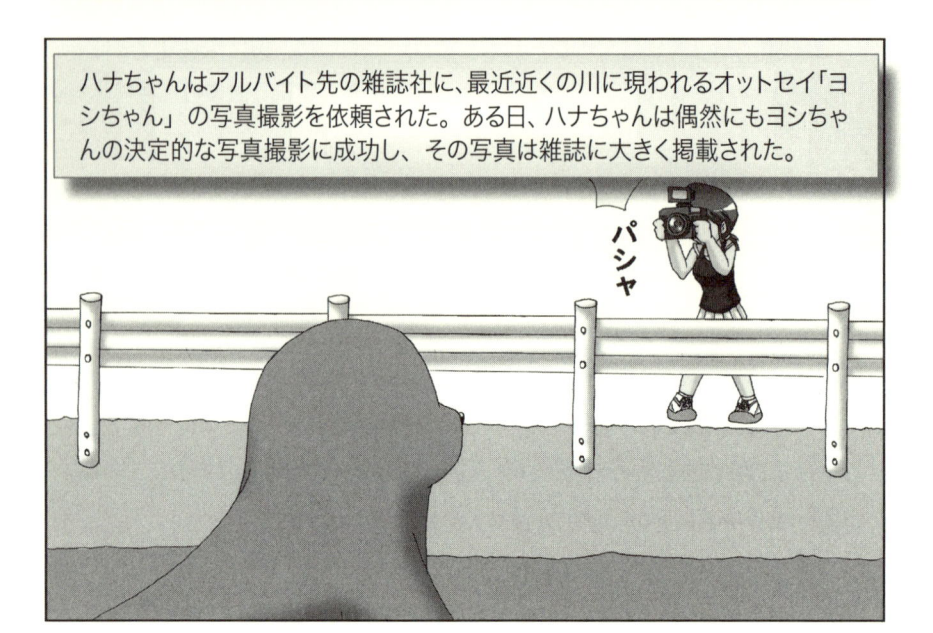

ハナちゃんはアルバイト先の雑誌社に、最近近くの川に現われるオットセイ「ヨシちゃん」の写真撮影を依頼された。ある日、ハナちゃんは偶然にもヨシちゃんの決定的な写真撮影に成功し、その写真は雑誌に大きく掲載された。

1. このスクープ写真は私が撮ったんだよ。／うわぁ。すごいね！

2. それじゃハナはこの写真の著作者になるのね。

3. どうして？／なんか、そうじゃないらしいのよ。

4. 会社の業務で撮る写真の著作者には会社がなって、私ではないらしいの。／ハナが創作したのに？？？

60

解　説

- 「ハナちゃんの撮った可愛いオットセイの写真は大評判らしいね」
- 「そうなんだけど、その写真の著作者はハナじゃなくて雑誌社になるんだって。。なんで？」
- 「そうだね。この場合は職務著作が成立しているからかな」
- 「職務著作に該当する場合、著作者はハナちゃんではなく雑誌社になるんだよ」
- 「職務著作に該当する場合って？」

　職務著作に該当する場合には、実際に創作した人ではなく、法人や使用者が著作者になります。
　職務著作が成立するには以下の要件が必要です（15条1項）。

1．法人その他使用者（法人等）の発意に基づいていること
　業務命令の場合に限らず、社員の提案を会社が了承した場合なども含まれると考えられています。

2．法人等の業務に従事する者が作成したこと
　「業務に従事する者」とは、従業員や役員、パートなどを言います。

3．職務上作成する著作物であること
　業務として作成することを言います。

4．法人等が自己の著作の名義の下に公表するものであること
　実際に公表していたものでなくても（例えば、新聞に掲載されなかった写真等）、公表するとすれば、その会社等の名義で行う場合も含まれると考えられています。

5．別段の定めがないこと
　社員を著作者とする等の特別の取決めがないことを言います。
　なお、プログラムの著作物の場合は、上記第4要件が不要です。通常、公表されない場合が多いからです。

16話　映画の著作物の著作者と著作権者

佳之先輩は映画作りが趣味であったが、その作品がある大手映画会社Xのプロデューサーの目にとまり、地方で頑張る若者を主人公とする映画を作ることにした。佳之先輩はその作品について映画会社Xと契約を交わして映画監督の道にも挑戦することにした。全力で映画作りに取り組み、1年後その映画はクランクアップした。

1
ありがとう！最高に幸せな気分だよ。
佳之先輩、おめでとうございます。最初の作品の完成ですね。

2
映画も著作物だから、佳之先輩が著作者ですよね？
そうなるね。ヒットしてくれればいいんだけど。

3
どれどれ。あれ？本当だ。
でも著作権者は佳之先輩だけど、著作権者はX社になっていますよ。

4
佳之先輩は著作財産権をX社に譲渡したんですか？
うりや
X社
覚えがないなぁ。何でだろ…？

解　説

　映画の著作物の著作者は、全体的形成に創作的に寄与した者、すなわち監督、美術監督、プロデューサー等が該当します。サブ的な助監督は入らないし、俳優も該当しません。さらに、原作である小説の小説家等も該当しません。映画の著作物の著作者は、あくまで、映画の著作物を創作している必要があるからです。
　それでは映画の著作物の著作権者は？

- 「なんか佳之先輩は著作権者になってないらしいんだけど……？」
- 「映画の著作物の場合は、他の著作物と比べていろいろと違ってるんだ」
- 「なんで？　映画を作るのって大変だから？」
- 「特に、映画の場合は、映画会社が大資本を投じて製作することも多いからね。映画会社を保護する必要もあるんだよ」
- 「佳之先輩が苦労して作ったのにね。。。」
- 「確かにそうなんだけどね。今回のように映画会社と契約して製作した場合は、映画会社が著作財産権を有することになるんだよ」

　映画の著作物の著作者人格権および著作財産権は、著作者である監督等が持つのが原則です。
　しかし、29条1項の規定では、監督等が映画会社と契約を締結して映画製作をした場合には、例外的に、著作財産権は自動的に監督等から映画製作者に移転し、映画製作者に帰属することになっています。大資本を投じて映画を製作する映画会社を保護するためであるとも言われています。
　この結果、監督等の自主製作の場合には、著作者人格権と著作財産権が共に監督等に帰属し、映画会社の製作に参加する場合には、監督等が著作者人格権、映画会社が著作財産権を有することになります。

第3章　著作者　　63

1　著作者の定義（2条1項2号）

> 著作者とは、著作物を創作する者をいう（2条1項2号）。

当たり前の規定のようですが、具体的ケースで考えてみましょう。

- 例えば、**代金を支払って、コンピュータプログラムの作成を依頼した場合**、成果物であるコンピュータプログラムの著作者は発注者か受託者か？
  　上記規定により、「著作物を創作」したのは受託者なので、受託者が著作者であると判断できます。代金の支払は関係ないのです。
  　受託者が作成されたコンピュータプログラムを自由に利用や加工するためには、著作権の譲受やライセンスを受けることが必要になります。

- それでは、**写真や絵画のコンテストで「著作権は主催者に帰属するものとします」とある場合**はどうでしょうか？
  　この場合も、原則通り出品者が著作者であることは同じです。ただし、主催者の募集要項を知ってその上で出品に応じているので、著作財産権については主催者に譲渡されたものと考えることが合理的な場合が多いと思われます。

- **インタビューなどで、編集者の質問に答えるだけの場合**は？
  　インタビューを受けた当の本人であっても、単なる素材提供者として著作者とは認められない場合があります（スマップ事件）。この場合は、質問を作成し、質問に対する回答を取捨選択し、さらに手を加えて完成させた編集者が著作者となります。

- **単なる指示者や単なる補助者**についても、著作者には該当しないと考えられます。

著作権はどちら？

> **裁判例** スマップ事件（東京地裁判決H10.10.29）

　スマップのインタビュー記事を作成した出版社とスマップメンバーはスマップに関する書籍を出版した別の出版社に対して差止め請求等を行った。一部認容。
　その中で裁判所は著作者について、「あらかじめ用意された質問に口述者が回答した内容が執筆者側の企画、方針等に応じて取捨選択され、さらに手を加えて文書が作成され、その過程において口述者が手を加えていない場合には、口述者は文書作成に創作的に関与したといえず、文書作成のための素材を提供したに過ぎない」としてスマップメンバーは著作者にならないと判断しました。

2　著作者の推定（14条）

> 著作物の原作品に、又は著作物の公衆への提供若しくは提示の際に、その氏名若しくは名称（以下「実名」という。）又はその雅号、筆名、略称、その他実名に代えて用いられるもの（以下「変名」という。）として**周知**のものが著作者名として通常の方法により表示されている者は、その著作物の著作者と**推定**する（14条）。

　書籍の奥付の記載など一般的な方法で自己の氏名や名称が示されていれば、いったん著作者と認めましょうということです。「推定」なので、反論の余地はあるということです。

　ゴーストライターが有名人の代わりに著作物を創作した場合、著作者はあくまでゴーストライターです。しかし、本条により有名人が著作者と推定されるので、証拠により推定を覆さない限り、ゴーストライターは著作者としての権利は認められないことになると思われます。

> **要点・用語** 「推定」と「みなす」

　「推定」とは、取決め等がない場合に一応こうであろうとの判断をすることをいいます。後で、取決めやその証拠があったことが判明した場合には反論が可能です。
　14条の場合は、「推定」なので、推定された著作者の認定が、新たな証拠によって後から覆る場合があります。
　「**みなす**」とは、推定と異なり、本来違うこともそうであると認めて反論を許さないことをいいます。したがって、新たな証拠によって後から認定が覆ることはありません。
　以上のように「推定」と「みなす」では法律的効果が全く異なります。

> **要点・用語** 覆面レスラー「ミスターX」は周知な変名か？

　覆面レスラーとして有名なミスターXがいたとします。このミスターXの正体は、一般に知られていない場合には、著作権法14条の「周知な変名」には該当しません。「周知な変名」というのは、本人が特定できることを条件として有名な変名である場合を言います。いくら有名でもどこの誰か不明であれば、著作者として推定されないことは当然ですね。

3　職務著作（15条）

　新聞や雑誌を作成する場合には新聞記者等多くの者が著作者となりますが、新聞社や雑誌社が発行のつど多くの著作者の許可を得るのは大変です。著作権

法では、会社の社員等が著作物を創作した場合に、「職務著作」として会社等を著作者と認めるという規定を設けています。著作物を創作した者が派遣会社より派遣された者である場合は、業務上の指揮命令系統等により、派遣元の従業者とされたり、派遣先の従業者とされたり、判断が分かれると思われます。

> 法人その他使用者（法人等）の発意に基づきその法人等の業務に従事する者が職務上作成する著作物（プログラムの著作物を除く。）で、その法人等が自己の著作の名義の下に公表するものの著作者は、その作成の時における契約、勤務規則その他に別段の定めがない限り、その法人等とする（15条１項）。
>
> 法人等の発意に基づきその法人等の業務に従事する者が職務上作成するプログラムの著作物の著作者は、その作成の時における契約、勤務規則その他に別段の定めがない限り、その法人等とする（15条２項）。

「別段の定めがない」とは、職務著作が成立する場合でも、従業者を著作者とする旨の規定があれば従業者が著作者になるという意味です。職務著作が成立しない場合には、会社を著作者とする旨の定めがあっても会社が著作者になることはありません。

また、本規定は「法人著作」ともいわれますが、法人格のない社団等や他人を使用する個人の場合にも適用されます。

要点・用語　法人とは

「法人」には、著作権法では法人格なき社団または財団であって代表者または管理人の定めがあるものを含みます（２条６項）。

特許法ではこのようなものは含まれませんので、相違に注意してください。

> **裁判例** **RGBアドベンチャー事件（最H15.4.11）**
>
> 裁判所は、「『法人等の業務に従事する者』について、雇用関係の存否が争われた場合には、雇用契約等の形式面でなく、実質的にみたときに、法人の指揮監督下において労務を提供するという実態にあり、法人等が支払う金銭が労務提供の対価と評価できるかどうかを、業務態様、指揮監督の有無、対価の額及び支払い方法等に関する具体的事情を総合的に考慮して、判断すべきもの」としました。

> **裁判例** **智恵子抄事件（最H5.3.30）**
>
> 編集著作物の著作者は誰かについて争われた。
> 裁判所は、「出版社が作品集の企画案、構想を提案したとしても、その提案を受けて著作者が自ら作品を選択し、配列したと推認できるので、作品集（編集著作物）の著作権は出版社に帰属しない」と判断しました。

職務著作が成立した場合の効果はどうなるのか？

会社等の使用者が（初めから）著作者になり、著作者人格権も著作財産権も有することになります。権利を従業者等から譲り受けるわけではないので、対価は不要です。
特許法では、会社が発明者になることは絶対にないのですが……。

4 共同著作物の著作者

　共同著作物の著作者は創作者全員、すなわち共同著作物は複数の創作者の共有ということになります。

5 映画の著作物の特例（16条等）

　映画製作者とは、「映画の著作物の製作に発意と責任を有する者をいう」（2条1項10号）と規定されています。「発意と責任」というのは、法的な製作主体であり、かつ事業主体でもあるということです。映画製作の企画を行った会社が映画会社に製作を委託した場合には、企画をした会社が映画製作者となるのではなく、製作依頼引受けを決定し、経済的責任を持って製作を行う映画会社が映画製作者となります。

　映画の著作物の著作者人格権および著作財産権の帰属については以下の3つのケースに分かれます。

(1)監督等が映画を自主製作する場合（16条）

　著作者人格権、著作財産権共に監督等に帰属する。

(2)映画会社が社員である監督等に映画を製作させる場合（15条1項　職務著作）

　著作者人格権、著作財産権共に会社に帰属する。

(3)監督等が映画会社と契約を結んで映画製作をする場合（16条、29条1項）

　著作者人格権は監督等、著作財産権は映画会社に帰属する。

> 映画の著作物の著作者は、その映画の著作物において翻案され、又は複製された小説、脚本、音楽その他の著作物の著作者を除き、制作、監督、演出、撮影、美術等を担当してその映画の著作物の全体的形成に創作的に寄与した者とする。ただし、前条の規定の適用がある場合は、この限りでない（16条）。

> 映画の著作物（15条1項等を除く）の著作権は、その著作者が映画製作者に対し当該映画の著作物の製作に参加することを約束しているときは、当該映画製作者に帰属する（29条1項）。

なお、放送事業者等がTVドラマ等を製作する場合にも、類似した規定がありますが、その場合は、放送関連の利用に関してのみ、著作財産権が放送事業者に帰属することになっています。映画会社の場合と異なっていることに注意してください。

> 専ら放送事業者が放送のための技術的手段として製作する映画の著作物（職務著作を除く）の著作権のうち次に掲げる権利は、映画製作者としての当該放送事業者に帰属する（29条2項）。
> 1. その著作物を放送する権利及び放送されるその著作物を有線放送し、自動公衆送信（入力型含む）を行い、又は受信装置を用いて公に伝達する権利（同1号）
> 2. その著作物を複製し、又はその複製物により放送事業者に頒布する権利（同2号）

なお、有線放送事業者の場合にも29条3項で同様に規定されています。

本章のねらい・ポイント

著作物を創作する著作者は、どのような権利を有するのでしょうか？ ここでは、まず人格権と財産権に分かれるということと、それぞれにおいてさまざまな権利が規定されていることをおさえましょう。一身専属性、支分権、利用と使用などキーになる言葉もチェックしておきましょう。

第4章 著作者の権利

本章の内容

著作者の権利について
著作者は、創作完成と同時に「著作者の権利」を有することになります。この著作者の権利は、人格的な利益を保護する**著作者人格権**と財産的な権利を保護する**著作財産権**に分かれます。車の両輪をイメージすればいいでしょう。著作者人格権は、**一身専属性**（その人限りという意味）を有するので、譲渡することも相続することもできません。一方、著作権（著作財産権）は財産的活用をすることができるので、著作者が死亡すれば相続され、また、譲渡やライセンスをすることもできます。

1 著作者人格権
公表権、氏名表示権、同一性保持権の3つがあります。産業財産権には見られない、著作権法特有の人格的利益を保護する規定です。

2 著作権（著作財産権）
複製権、上演・演奏権、上映権、公衆送信（こうしゅうそうしん）権、口述権、展示権、頒布（はんぷ）権、譲渡権、貸与権および二次的権利（翻訳権、編曲権、変形権、翻案権）があります。これらは、それぞれ独立しており、支分権と言われます。

17話　公表権

雄介君の友人は油絵を完成した。

1
これいい味出てるな。面白いし。
いや、気に入らない。失敗作だよ。

2
じゃあ、しばらく貸してくれよ。
ああ。構わないけど。

3
へへっ♪
こっそり展覧会に出してやれ。

4
金賞だ。この場合…賞金は半々でいいのかな？
本田雄介
ちょっと待った！

解　説

- 「公表権って何？」
- 「自己の未公表の著作物を公表するかしないか、公表するとすればいつ、どのような形で公表するかを決められる権利なんだ」
- 「本人が公表したくないのに、雄介が勝手に展覧会に出しちゃったんだけど。。。」
- 「それは明らかに公表権の侵害だね」
- 「え!?　じゃぁ賞金全部お友だちにあげてごめんなさいしなきゃ」
- 「うーん。。すぐに謝った方がいいね。最悪、訴えられかねないしね」

　著作者は上記のように人格的な権利として公表権を有します。
　また、著作者は、その著作物を原著作物とした二次的著作物の公表についても、原著作物の著作者として公表するかしないか等を決定できる権利を持ちます。
　なお、「まだ公表されていない」なので、自らいったん公表してしまった著作物については、公表権を主張することはできません。

18話　氏名表示権

藍ちゃんと雄介君が喫茶店でお茶を飲んでいる。店内にはバックグラウンドミュージックが流れている。

1
お。これ、俺の好きな曲だ。
雄介君ファンだもんね。

2
でも変だなぁ…。
どうした？

3
著作者の名前を表示するはずなんだけど。
ふ〜ん。

4
全然言わないね。
いちいち言ってたら雰囲気ぶち壊しだよ。

解　説

　氏名表示権とは著作者名を表示するか否か、表示するとしたら実名にするか変名にするか等を決定できる権利です。
　匿名（とくめい）にしたい場合もあるでしょうし、ペンネーム等を使いたい場合もあるからです。

　その著作物を原著作物とする二次的著作物についても、同様の権利を持ちます。この点は公表権と同じです。

　ただし、一定の場合はこの権利は制限されます。例えばメドレーのバックグラウンドミュージックで、いちいち作曲者名を言われたらたまらないですよね。

「著作権法も空気を読んだってことか！」
「まぁそう言ってもいいかもしれないね」

19話　同一性保持権

佳之先輩は広告代理店を通じて旅行会社のイメージポスター作成の依頼を受けた。佳之先輩は飛行機のイメージを表すものとして精悍な翼竜を選択し、翼竜が大空を羽ばたいているイラストを完成させた。

1. よし、完成だ。イメージ通りにできたぞ。
   精悍な感じですね。

2. ちょっと色使いが硬いな…。
   じゃあ、修正しましょうか？

3. いや〜色をピンクにして正解だったね。
   かわいい〜
   面白い！

4. 勝手に変えるなんて、侵害だ！
   評判いいのに…。

> 解　説

　「同一性保持権」とは、他人が著作者に無断で著作物の内容を変更することを禁じる権利です。
　同一性保持権が認められているのは、苦労して創作した著作物などを他人が勝手に改変し、著作者の意図と違ったものにすることは著作者の人格を害することとなるからです。

　同一性保持権は「著作物およびその題号の同一性を保持する権利を有し、**その意に反して改変を受けない**」権利（20条1項）なので、改変についての周囲の評価が問題なのではなく、著作者自身の主観的判断が中心となります。
　ですから、広告代理店や旅行会社は、佳之先輩の承諾を得てから修正をしなければなりません。

　「翼竜の色を勝手にピンク色に変えちゃうなんて、ないよね」
　「客の評判以前に、佳之君の同一性保持権を侵害しかねないのが問題だからね」

　なお、教育上やむを得ない場合や建物の修繕等一定の場合には権利が制限されます。

　「やっぱりないわ。。。。ピンクなんて。。。せめてオレンジとか」
　「そこかいっ！」

第4章　著作者の権利　　79

20話　複製権

> **解　説**

> 「複製権は著作権法の中でも代表的な権利なんだ」
> 「米国では著作財産権をcopyright（コピーする権利）と言うくらいなんだよ」
> 「はいぃぃ……もうやりません……」

「複製」については、以下のように定義されています。
「印刷、写真、複写、録音、録画その他の方法により有形的に再製することをいう」（2条1項15号）。

「有形的再製」とは、再生可能なことをいうと考えられています。印刷・写真はもとより、録音・録画も、再生により一般人が著作物を見聞きすることができるようになるので、複製に含まれます。
ですので、1回きりのコピーでも、手書きで写し取っても「複製」に含まれることになります。

また、著作物の一部のみを複製しても複製に該当する場合があります。

21話　上演・演奏権

> 雄介君はバンド仲間とライブにむけて猛練習中。雄介君はドラム以外にもオリジナル曲の作曲も担当している。

1
- 雄介君。作曲の方は上手くいってる？
- 上々だよ。まぁ、ライブ見に来てくれ。
- 差し入れだよ。

2
- でも、曲目が足りないんだよな…。

3
- あの有名グループの曲も入れるか。
- それって、許可を得なきゃダメなんじゃない？

4
- マジで…？
- 確か、演奏の権利があったような…。

82

> **解　説**

- 「お父さん、他の人の曲を勝手に演奏したらダメだったよね？」
- 「そうだね。上演・演奏権と言って、著作物を演ずることに関する権利があるんだ」
- 「雄介君に、勝手に演奏しちゃダメだって言ってくるね」

　上演・演奏権は著作物を演ずることに関する権利です。上演・演奏権のうち、演奏には歌唱も含み、それ以外は上演の概念に含まれます。

　本規定は、「公衆に直接見せ又は聞かせることを目的と」することが要件となっています。
　この、「公衆に直接見せ又は聞かせることを目的として」（22条）とは、公衆の目の前で演じることや、演奏等をスピーカーを通じて同時に会場後部の公衆に提供すること等を言います。「目的として」なので、実際には誰も客が入らなくても該当します。
　一方、レコーディングのための演奏等は「**直接**見せ又は聞かせることを目的として」いるとは言えず、本項に該当しません。

　なお、前述のように、複製権以外の権利は、いずれも公衆に対する行為（「公に」）であることが要件となっています。

22話　公衆送信権

雄介君は自分のホームページに気に入った歌の歌詞の1フレーズを掲載したが、著作権法で問題になるのか心配になって、藍ちゃんに相談した。

1. 公衆送信権というのがあって、放送、有線放送、インターネットが権利に含まれるのよ。
   そうなのか…。

2. それじゃ、急いで削除するかか。どれどれ、誰かアクセスしてるかな？っと

3. 良かった。誰もアクセスしてなかったよ。
   アクセス者はありません。

4. これなら侵害にはならないよな？
   う～ん…誰もアクセスしてなければいいんだった…かな？

> 解　説

　著作権法では「公衆送信」について「公衆によって**直接**受信されることを目的として無線通信又は有線電気通信の送信を行うことをいう」（2条1項7号の2）としています。この、公衆送信には、放送・有線放送、自動公衆送信（インターネット）等が含まれます。

「誰もアクセスしてなければいいの……かな？」
「自動公衆送信の場合にあっては、送信可能化を含む、と規定されているんだよ」
「えっ!?　それじゃアップロードした時点でダメじゃん」
「そうなるね。実際にダウンロードされたかどうかを把握するのは大変だからね」
「すぐ削除するように言っとくっっっっ!!」

　公衆送信権とは、「公衆送信（自動公衆送信の場合にあっては、送信可能化を含む）を行う権利」（23条）となっています。

「自動公衆送信の場合にあっては、送信可能化を含む」とは？

　実際にダウンロード等の自動公衆送信がなされたか否かの把握をするのは大変なので、このままでは権利者を有効に保護することができません。
　そこで、実際にダウンロード等されていなくても、その1歩前のアップロード行為を「送信可能化」として、その段階から権利者を保護することとしたものです。

23話　頒布権

藍ちゃんは佳之先輩から、映画監督初回作品の試写会に招待してもらった。

1
佳之先輩。すごかったです。感動しました！
ありがとう。夢がかなったよ。

2
ところで先輩、映画の著作物の頒布権ってどんな権利なんですか？
譲渡権と貸与権を合わせたものだよ。

3
どうして映画の著作物だけ特別に頒布権って言われるんですか？
え〜っと…あははは。

4
それよりっ！次の作品の構想はっ…。
お父さんに聞こっと…。

| 解 説 |

　映画の著作物には頒布権が認められています。
　この「頒布」とは一般には、譲渡と貸与を合わせた権利ですが、映画の著作物等の場合は少し異なっています。
　公衆に該当しない特定少数者に対しての譲渡や貸与も「頒布」に該当する場合があるのです。
　例えば家族にたった1本の映画フィルムを譲渡したり貸したりすることも、それが劇場での上映を目的とするものであれば「頒布権」が及ぶことになります。

　頒布権は、もともとは劇場映画のフィルムの配給権を表したものです。
　この配給権を背景に、頒布権は譲渡権と異なり消尽しない強力な権利と解されてきました（消尽については108頁参照）。
　劇場映画の著作物を完成させるには多額の制作費を必要とするので、特に厚く保護するものであるからと考えられたからです。

　しかし映画の著作物にもいろいろなタイプがあって、劇場公開されないものも消尽しないのか問題となりました。
　ゲームソフトについては、劇場映画の場合と異なり消尽すると判断されました。

「ということなんだ」
「うわっ！　めっちゃ手抜き。。」

第4章　著作者の権利

24話　貸与権

藍ちゃんと雄介君はレンタルブック店でコミックを見ていた。

1
これこれ……。
このシリーズ全部ほしいな。

2
コミックなどの書籍のレンタルも貸与権の対象になるんだよ。
お父さん……、いたんだ……。
おわっ

3
でも、もともとはレンタルレコードを主な目的としていて、貸本は対象外だったんだ。
どうして？

4
貸本業は小規模だったからね。
ところが今は、ほらこの通り。
ズラ〜〜〜〜

解　説

　貸与権（26条の3）は貸しレコード業の誕生により、昭和59年に新設されました。貸与権の対象となっているのは、レコード、CD、パソコンソフト等です。ビデオやDVD等は映画の著作物なので頒布権が適用され、本条は適用されません。

　また、書籍、雑誌等は小規模の貸本店の経営を圧迫することから暫定的に適用除外されていましたが、平成16年に附則の削除がなされ、貸与権が及ぶこととなりました。

「ビデオやDVDは違うんだ。。。やっぱり映画の著作物って一味違うね」
「一味って……（^^;」
「映画の著作物の場合は頒布権が適用されるからね」
「漫画喫茶で漫画を置いてるのはいいの？」
「あれは漫画本を店内で見てるだけでしょ？　お客さんが占有するわけじゃないから貸与権は及ばないんだよ」

25話　二次的著作物についての原著作者の権利

アメリカの作家が発表した少年の冒険物語が全米でヒットしているが、その小説の日本語の翻訳は著名な翻訳家である青木伸一氏が行うこととなった。多くの出版社では、翻訳した小説を出版したいと考えていて、どこの会社が出版するか話題になっている。

Jの冒険

翻訳者　青木 氏

1
翻訳した作品の著作者は青木さんだよね？
そうだよ。

2
それじゃ、その作品の出版は青木さんの許諾が必要なのね？
そうだけど、原作者の許諾も必要なんだ。
青木
作者

3
二次的著作物を利用する場合には原著作物の著作者の権利も及ぶんだよ。
へぇ～。そうなんだ。

4
それじゃあ権利が重なるの？
そう。二次的著作物を創作すること自体も原著作物の著作者の許諾が必要なんだ。

| 解　説 |

- 「二次的著作物って、原著作物に創作を加えたり、表現形式を変更したものだよね？」
- 「そうだね。くわしく言うと、新たな創作行為が加えられなかったり、表現形式を機械的に変更したものは、二次的著作物に該当しないんだ」
- 「この場合は、原著作物の複製とされると考えられるんだよ」
- 「じゃ、原著作物のアイディアにヒントを得て、全く新たな著作物を創作した場合はどうなるの？」
- 「それはもう別の著作物になってるね」
- 「なるほど。そのときは原著作物の著作者の権利は及ばないのか」

　原著作物の著作者は二次的著作物の創作権と利用権の2つの権利を有しています。したがって、第三者は他人の著作物を原著作物とした二次的著作物を創作すること自体許諾を受けることが必要であり、かつ、完成した二次的著作物を利用する場合には、それと別個に原著作物の著作者の許諾を受ける必要があります。

　原作を翻訳した二次的著作物である小説を第三者が出版する場合の権利関係はどうなるでしょうか？
　出版しようとする者は、翻訳者の許諾と共に小説の原作者の許諾を受けることが必要です。権利は重なるのです。

```
                          ┌─ 公表権
        ┌─ 著作者人格権 ──┼─ 氏名表示権
        │                 └─ 同一性保持権
        │
        │                 ┌─ 複製権
        │                 ├─ 上演・演奏権
        │                 ├─ 上映権
        │                 ├─ 公衆送信権
        │                 ├─ 口述権
        └─ 著作財産権 ────┼─ 展示権
                          ├─ 頒布権
                          ├─ 譲渡権
                          ├─ 貸与権
                          ├─ 二次的権利創出権
                          └─ 二次的権利利用権
```

> **要点・用語　利用と使用について**
>
> 著作権法では、権利が及ぶ行為（例えば、コピーをする）を「利用」、権利が及ばない行為（例えば、買ってきた本を読む）を「使用」といいます。

これが使用　　これが利用

1　著作者人格権（18〜20条）

　著作者人格権には公表権、氏名表示権、同一性保持権の3つがありますが、これら3つはそれぞれ独立して働くこと、および著作財産権とは別個に働くことに注意が必要です。なお、一定の場合には著作者人格権の適用が制限または除外されます。

第4章　著作者の権利　　93

(1) 公表権

> 著作者は、その著作物でまだ公表されていないもの(その同意を得ないで公表された著作物を含む)を公衆に提供し、又は提示する権利を有する。当該著作物を原著作物とする二次的著作物についても、同様とする(18条1項)。

　他人が勝手に公表した著作物については、公表権が失われないことに留意してください。また、原著作物の著作者は、原著作物を基礎とした二次的著作物の公表についても公表権を有します。
　なお、公表権には、一定の適用除外があります(18条2～4項)。

> ⅰ．未公表の著作物の著作権を譲渡した場合(2項1号)
> ⅱ．未公表の美術の著作物又は未公表の写真の著作物の原作品を譲渡した場合(同2号)
> ⅲ．監督等が映画製作に参加をする場合で、映画の著作物の著作権(著作財産権)が映画製作者に帰属する場合(同3号)
> には**その著作権の行使により**公衆に提供等することについて(1、3号)、その原作品による**展示**の方法で公衆に提示することについて(2号)同意したものと**推定**される。
> ⅳ．その他にも、行政機関情報公開法等によって公表行為について同意したものとみなされたり、公表権が適用されない場合がある(3、4項)。

　18条2項は「その著作権の行使により」等なので、例えば、未発表の楽曲の演奏権を譲渡した場合、その楽曲を出版して公表することまで同意したとは推定されません。

要点・用語　公表とは？　公衆とは？

　著作権法ではⅰ.著作物の発行、ⅱ.正当な権利者又は許諾を得た者により上演、演奏、上映、公衆送信、口述、展示の方法で公衆に提示された場合、美術や写真の著作物が所有者により展示された場合等のときに「公表」とみなされます（4条）。

　「公衆」については、「公衆には特定かつ多数の者を含むものとする（2条5項）」とあります。つまり、**不特定の者すべてと特定多数の者の合計が公衆**なのです。

　なぜ、個人的結合の強い特定人まで「公衆」に含めたのでしょうか？
例えば、特定団体の数万人規模の会合で上演等しても著作権が及ばないとすると、権利者の保護が不十分だからだと考えられています。

この辺が特定少数

第4章　著作者の権利

（2）氏名表示権

> 著作者は、その著作物の原作品に、又はその著作物の公衆への提供若しくは提示に際し、その実名若しくは変名を著作者名として表示し、又は著作者名を表示しないこととする権利を有する。その著作物を原著作物とする二次的著作物の公衆への提供又は提示に際しての原著作物の著作者名の表示についても、同様とする。（19条1項）

　著作者名を表示するか否か、表示するとしたら実名にするか変名にするか等を決定できる権利です。匿名にしたい場合もあるでしょうし、ペンネーム等を使いたい場合もあるからです。その著作物を原著作物とする二次的著作物を公衆に提供等する場合にも、原著作物の著作者として氏名表示等する権利を有します。この点は公表権と同様です。

氏名表示権にも一定の適用除外があります。(１９条２～４項)

> ⅰ．著作物を利用する者は、その著作者の別段の意思表示がない限り、その著作物につきすでに著作者が表示しているところに従って著作者名を表示することができる（２項）。
> ⅱ．著作者名の表示は、著作物の利用の目的と態様に照らし、著作者が創作者であることを主張する利益を害するおそれがないと認められるときは、公正な慣行に反しない限り、省略することができる（３項）。
> ⅲ．その他にも、行政機関情報公開法等によって氏名表示権が適用されない場合がある（４項）。

すでに著作者が表示しているものと同じ著作者名を表示することは、著作者の人格を傷つけるものではないと考えられますので、このように規定しています（２項）。

18話にもあるように、特に著作者の人格的利益を傷つけることがなく、かつ、社会実態からも妥当と考えられる場合には、著作者名を省略することができます（３項）。

(3) 同一性保持権

> 著作者は、その著作物及びその題号の同一性を保持する権利を有し、その意に反してこれらの変更、切除その他の改変を受けないものとする（20条１項）。

著作物が、著作者の人格に基づいて創作された表現であることから、その表現の一体性を保護する権利です。

著作物のみでなく、その題号についても同一性保持権の対象になります。

同一性保持権にも適用除外があります（20条２項各号）。

ⅰ．教科用図書や学校教育番組において著作物を利用する場合、用字や用語の変更その他の改変を行う場合で、学校教育の目的上やむを得ないと認められるもの（同１号）
　　例えば難しい漢字を小学校低学年用の教科書でかなに変えること等が該当します。
ⅱ．建築物の増築、改築、修繕又は模様替えによる改変（同２号）
　　建築物としての機能を維持するためです。居住するためという実用目的の改築も認められると考えられます。
ⅲ．特定の電子計算機においては利用し得ないプログラムの著作物を当該電子計算機において利用し得るようにするため、又はプログラムの著作物を電子計算機においてより効果的に利用し得るようにするために必要な改変（同３号）
　　コンピュータプログラムの使用目的を達成するためコンピュータプログラムをコンピュータに適合するようにするものです。
ⅳ．その他、著作物の性質や利用目的・態様に照らして止むを得ないと認められる改変（同４号）
　　プリンターが原画の正確な色彩を再現できない等の場合です。

盛り上がってるし、今日はいつもと歌詞を変えて歌おうかな……。

それはダメ！

また、共同著作物の著作者人格権の権利行使については、以下の定めがあります。

> 共同著作物の著作者人格権は、著作者全員の合意によらなければ、行使することができない（64条1項）。
> 共同著作物の各著作者は、信義に反して前項の合意の成立を妨げることができない（同2項）。

　なお、ここでいう権利行使は著作者名の表示方法を変えたり、公表の有無や時期を決定したり、内容を一部変更するなどの積極的なことをいい、他人の行為に対して差止め等することは含みません。
　また、権利行使をする代表者を定めることができ、その場合は代表者の代表権に加えられた制限は善意の第三者に対抗できない（同3、4項）こととされています。周囲からは、代表権を一部有していないことなどわからないからですね。

◆ 裁判例　**パロディ事件（最S55.3.28）**

　他人の写真を取り込んで合成写真（パロディ）を作成したことに対し損害賠償請求をした事件。請求認容。
　裁判所は、「自己の著作物を創作するにあたり、他人の許諾なくして利用をすることが許されるのは、他人の著作物における表現形式上の本質的な特徴をそれ自体として直接感得させないような態様においてこれを利用する場合に限られる。本件モンタージユ写真を一個の著作物であるとみることができるとしても、本件モンタージユ写真のなかに本件写真の表現形式における本質的な特徴を直接感得することができる以上、本件モンタージユ写真は本件写真をその表現形式に改変を加えて利用するものであっ

て、本件写真の同一性を害するものであるとするに妨げないものである」
と判断しました。

> **裁判例** **ときめきメモリアル事件（最H13.2.13）**

　同一性保持権侵害による慰謝料請求。請求認容。
　ゲームソフトのパラメーターの数値を変化させるメモリーカードの輸入販売について争われました。裁判所は、「ゲームソフトのストーリーを本来予想された範囲を超えて改変するのは、著作物の本質的部分の改変にあたり、同一性保持権を侵害する」と判断しました。また、「販売業者はメモリーカードを他人の使用を意図して流通においているので、侵害行為を惹起したものである」としてその不法行為責任を認めました。

2　著作財産権（著作権）(21〜28条)

　著作財産権にはいろいろな種類がありますが、これらはそれぞれ独立しており、支分権と言われます。

　著作財産権は規定されている権利に限られている（限定列挙といいます）ので、これらの権利以外によって他人の著作権侵害となることはありません。

　一方これらの権利はそれぞれ独立しているので、そのうちの1つの権利の利用について許諾を受けたとしても、無断で他の権利を利用することはできません。

　また、すべての著作物がすべての支分権を持つわけではなく、そのタイプによってそれに応じた支分権が認められます（例えば頒布権は映画の著作物のみに認められ、展示権は美術の著作物や写真の著作物にのみ認められます）。

(1) 複製権

　著作財産権の中心となっているのは複製権（21条）です。

> 著作者は、その著作物を複製する権利を専有する（21条）。

　さらに、間接的な行為も「複製」に含まれます。

> 次に掲げるものについては、それぞれ次に掲げる行為を含むものとする（2条1項15号）。
> 　イ　脚本その他これに類する演劇用の著作物
> 　　　当該著作物の上演、放送又は有線放送を録音し、又は録画すること。
> 　ロ　建築の著作物
> 　　　建築に関する図面に従って建築物を完成すること。

　脚本を基にした上演や放送等を録音・録画することや図面に従って建築物を

完成させることまで複製の概念に含められています。

要点・用語　録音、録画について

「録音」とは、「音を物に固定し、又はその固定物を増製すること」を言います（2条1項13号）。
　生の音を録音機に記録することや、レコードのリプレス、CDのダビング等が該当します。

「録画」とは、「影像を連続して物に固定し、又はその固定物を増製すること」をいいます（2条1項14号）。
　ビデオ撮影したり、DVDをダビングすること等が該当します。「連続して」なので、写真は含みません。

ストリーミングデータって複製権侵害にならないの？

複製じゃないから大丈夫だよ。

> **裁判例** **スターデジオ事件**（東地H12.5.16）

　一次的蓄積は「複製」に含まれるのでしょうか？

　コンピュータのRAMにおける一次的蓄積は著作権法上の「複製」に該当しないとした裁判例があります。
　その理由は下記のようなものです。

ⅰ．複製権の規定では「公に（公衆への提供等）」が要件とされていない（複製権以外は「公に」が要件となっている）。
　　この理由は以下のものである。
　　・いったん有形的に再製物が作成されると、将来反復して使用される可能性がある。
　　・そのように影響が大きい行為なので、公になされたか否かにかかわらず複製に含めるのが適切であると考えられている。

ⅱ．となると、将来反復して使用される可能性のないものであれば、複製の概念に含めるのは適切ではないということになる。

ⅲ．よって、一時的蓄積は複製の概念に含まれない。

(2) 上演権及び演奏権 (22条)

> 著作者は、その著作物を、公衆に直接見せ又は聞かせることを目的として (以下「公に」という。) 上演し、又は演奏する権利を専有する (22条)。
>
> (上演とは) 演奏 (歌唱を含む) 以外の方法により著作物を演ずることをいう (2条1項16号)。

> (上演、演奏には) 著作物の上演又は演奏で録音され、又は録画されたものを再生すること (公衆送信、上映に該当するものを除く) や上演又は演奏を電気通信設備を用いて伝達すること (公衆送信に該当するものを除く) を含むものとする (2条7項)。

　生の上演・演奏のみでなく、いったん録音・録画したものを再生すること等も含まれるのです。

(3) 上映権 (22条の2)

> 著作者は、その著作物を公に上映する権利を専有する (22条の2)。
>
> (上映とは) 著作物 (公衆送信されるものを除く) を映写幕その他の物に映写することをいい、これに伴って映画の著作物において固定されている音を再生することを含むものとする (2条1項17号)。

　「映写幕その他の物に映写すること」とは劇場映画をスクリーンに映すことを意味することは当然ですが、ここでは、ディスプレイやビルの壁に映し出したりすることも含みます。また、「著作物」であれば、映画の著作物に限らず、美術作品、写真、書などすべての著作物が含まれます。
　もっとも、「公衆送信されるものを除く」とあるので、放送やインターネッ

トでディスプレイの画面に映し出されるものは本条に含まれません。
　また、「映画の著作物において固定されている音を再生する」とは、映画館で映画と共に流されるサウンドトラックの音の再生等が該当します。

（4）公衆送信権等（23条）

> 著作者は、その著作物について、公衆送信（自動公衆送信の場合にあっては、送信可能化を含む。）を行う権利を専有する（23条1項）。

　公衆送信は、以下のタイプに分かれます。
ⅰ．「放送・有線放送」
　テレビやラジオやCATVのことです。条文では「公衆によって同一の内容の送信が**同時に**受信されることを目的として行う無線又は有線通信の送信」（2条1項8号、9号の2）となっています。同一の情報を一斉に送ることが特徴です。
ⅱ．「自動公衆送信」
　インターネットのことです。条文では、「公衆からの求めに応じ自動的に行うもの（放送、有線放送を除く）」（2条1項9号の4）となっています。放送と異なり、アクセスに応じて個々に情報を送ります。
ⅲ．「その他」
　　要求に応じ、ファックスで情報を送信すること等があります。

要点・用語　「送信」について

　「公衆送信」は、「公衆によって直接受信されることを目的として無線通信又は有線電気通信の**送信**を行うこと」（2条1項7号の2）ですが、「送信」については、「（電気通信設備で、その一の部分の設置の場所が他

の部分の設置の場所と同一の構内（その構内が2以上の者の占有に属している場合には、同一の者の占有に属する区域内）にあるものによる送信（プログラムの著作物の送信を除く。）を除く。）」となっています。

これは、
(1) 1つのビルの中等同一の構内で音楽等が流されている場合、そのビル等が1つの会社であれば公衆送信には該当せず（この場合は「演奏」に該当します）、複数の会社が入居していて、それぞれの会社に流されている場合には「公衆送信」に該当することを意味します。
(2) 「プログラムの著作物の送信を除く」というのは、たとえ1つの会社内であっても、ソフトを1つのみ購入して、それをホストコンピュータから多数の他のコンピュータに送信して、他のコンピュータでデータを処理することも公衆送信に含まれることを意味します。
プログラムの著作物の保護を十分にするためです。

なお、H18年法改正以前は、送信の定義は「『**有線**』電気設備で、その1の……」となっていましたが、無線LAN等についても同一構内におけるものは公衆送信には該当しないこととしました。

さらに伝達について、

> 著作者は、公衆送信されるその著作物を受信装置を用いて公に伝達する権利を専有する。（23条2項）

と規定されています。ここでいう「伝達」とは、テレビ放送等をそのままテレビ等で放映することをいいます。テレビ放送等をいったん録画してから放映することは「複製権」、「上演・演奏権」等の問題になります。

(5) 口述権 (24条)

> 著作者は、その言語の著作物を公に口述する権利を専有する（24条）。
>
> （口述とは）朗読その他の方法により著作物を口頭で伝達すること（実演に該当するものを除く）をいう（2条1項18号）。

とされています。

口述には、小説や詩を直接公衆に向かって朗読する場合の他、**口述の録音物を再生することも含まれます。**
「（口述には）著作物の口述で録音され、又は録画されたものを再生すること（公衆送信又は上映に該当するものを除く）や口述を電気通信設備を用いて伝達すること（公衆送信に該当するものを除く）を含むものとする」（2条7項）。

ただし、実演に該当するもの、例えば落語のようなものは含まれません。

(6) 展示権 (25条)

> 著作者は、その美術の著作物又はまだ発行されていない写真の著作物をこれらの原作品により公に展示する権利を専有する（25条）。

と規定されています。

展示権が認められるのは、美術の著作物と写真の著作物のみですが、いずれも「**原作品**」**に限られます**。コピーにまで展示権による保護を認める必要はないからです。

また、**写真の著作物のみ**「**未発行**」という要件が課されています。写真の著作物はオリジナルとコピーの区別が困難であることから、大量にコピーをした場合にすべてのものを保護するとなると、美術の著作物とのバランスを欠き過剰な保護となるからです。

(7) 頒布権（26条）

著作者は、その映画の著作物をその複製物により頒布する権利を専有する(26条1項)。

（頒布とは）有償・無償を問わず、複製物を公衆に譲渡又は貸与することをいい、映画の著作物や映画の著作物において複製されている著作物では、著作物を公衆に提示することを目的として当該映画の著作物の複製物を譲渡又は貸与することを含む（2条1項19号）。

要点・用語　消尽とは？

　いったん適法に販売等された後は、その権利の効力は用い尽くされたと考え、権利の効力が及ばないことを言います。つまり、物を購入した人は、その物を他人に売っても、貸しても自由ということです。
　著作権法では26条の2第2項で「適法に譲渡された場合等にはもはや譲渡権は及ばない（権利が消尽する。）」旨規定されています（世の中の常識としては当たり前のことですが……）。

ところが、劇場映画の著作物の頒布権では、この「消尽」がしないと解釈されています。つまり、フィルムを販売した後も、映画の上映時期や期間を決める等の流通支配が著作権者に認められるのです。

それでは、映画の著作物の場合、頒布権は常に消尽しないのでしょうか？

> **裁判例　中古ゲームソフト事件　（最H14.4.25）**
>
> 　ゲームソフトの頒布権について争われた事件があります。
> 　最高裁はゲームソフトが映画の著作物であることと、映画の著作物である以上、頒布権を有することは認めました。
> 　しかし、頒布権を有するから必ず消尽しないというわけではなく、一般公開される劇場映画とは異なり、ゲームソフトの著作権はいったん適法に譲渡されたことにより消尽すると判断しました。
> 　その結果、中古ゲームソフトの販売が認められることとなりました。
> 　今後、劇場公開されないようなタイプの映画の著作物については、消尽すると判断されていくものと思われます。

次に、このような規定があります。

> 著作者は、映画の著作物において複製されているその著作物を当該映画の著作物の複製物により頒布する権利を専有する（26条2項）。

「映画の著作物において複製されている著作物」というのは、映画の著作物に組み込まれている音楽の著作物（サントラ盤など）や美術の著作物などのこ

とを意味します。このような著作者も実質的に映画の著作物の頒布権を有するわけです。

　映画は総合芸術とも言われますが、著作物としてもいろいろな著作物が積み上がった複合的な著作物と言えます。このような場合、著作権法では各著作物のそれぞれの権利が働きます。
　例えば小説を映画化して、主題曲をフィルムに組み込んだ映画を製作した場合は、映画の著作物の著作者（監督等）、主題曲の著作者（作詞家、作曲家）、原作品の著作者（小説家）が実質的に映画の著作物の頒布権を有する者ということになります。なお、監督等が映画会社と契約をした場合や職務著作の場合の権利関係は既述の通りです（15、29条）。

（8）譲渡権（26条の2）

> 著作者は、その著作物（映画の著作物を除く）をその原作品又は複製物（映画の著作物において複製されている著作物にあっては、当該映画の著作物の複製物を除く）の譲渡により公衆に提供する権利を専有する（26条の2第1項）。

　映画の著作物や映画の著作物の複製物が除かれているのは、前項の頒布権と重複するからです。
　譲渡権は平成12年の法改正により新設され、それまで映画の著作物にのみ認められていた譲渡に関する権利がすべての著作物に認められるようになりました。
　しかし、譲渡権は円滑な流通に障害となりかねない広範な権利なので、以下の譲渡による場合は消尽することとしています。

> ⅰ．譲渡権者又はその許諾を得た者により公衆に譲渡された著作物の原作品又は複製物（26条の２第２項１号）
> ⅱ．文化庁長官の裁定等により公衆に譲渡された著作物の複製物（同２号）
> ⅲ．67条の２の裁定申請により公衆に譲渡された著作物の複製物（同３号新設）
> ⅳ．譲渡権者又はその承諾を得た者等により特定かつ少数の者に譲渡された著作物の原作品又は複製物（同４号）
> ⅴ．国外において譲渡権に相当する権利を害することなく又は譲渡権に相当する権利を有する者等により譲渡された著作物の原作品又は複製物（同５号）

　店頭で本やCDを購入した場合等が該当します。
　この法律で「公衆」には、特定かつ多数の者が含まれています（２条５項）が特定少数の者は含まれていません。しかし、消尽に関しては、26条の２第２項４号により特定少数の者に譲渡された場合にまで範囲を拡大しています。したがって、家族や友人などに譲渡された場合も消尽することとなります。さらに、外国で適法に譲渡された場合も消尽することとしています（いわゆる国際消尽）。
★H21年法改正で新３号が新設されました。

（9）貸与権（26条の３）

> 著作者は、その著作物（映画の著作物を除く）をその複製物（映画の著作物において複製されている著作物にあっては、当該映画の著作物の複製物を除く。）の貸与により公衆に提供する権利を専有する（26条の３）。

　映画の著作物や映画の著作物の複製物は除かれているのは、譲渡権の規定と同様で、26条の頒布権と重複するからです。なお、貸与権は著作物の複製物

のみを対象としているので、美術の著作物や写真の著作物の原作品は貸与権を有さないことに留意してください。

要点・用語　マンガ喫茶と貸与権

　貸与権は貸しレコードをその対象として創設されました。書籍・雑誌の貸与については、貸本業の存在等を理由に暫定的に貸与権の適用除外とされてきましたが、現在では附則が撤廃され、書籍・雑誌も貸与権適用の対象となっています。

　それでは、マンガ喫茶において客に漫画を提供することは貸与権の対象となるのでしょうか？

　結論的には、貸与権の対象にはならないものと思われます。貸与とは、所有者が所有権を留保し、返還を条件として他人に所有物の支配を認め、使用・収益させる行為（一般的にはレンタル・リースをする行為）と考えられるところ、マンガ喫茶においては、客に漫画を閲覧させるのみで、支配や収益を認めるものではないと考えられるからです。

(10) 二次的権利（翻訳権、編曲権、変形権、翻案権）（27、28条）

> 著作者は、その著作物を翻訳し、編曲し、若しくは変形し、又は脚色し、映画化し、その他翻案する権利を専有する（27条、二次的著作物の**創作権**）。
>
> 二次的著作物の原著作物の著作者は、当該二次的著作物の利用に関し、この款に規定する権利で当該二次的著作物の著作者が有するものと同一の種類の権利を専有する（28条、二次的著作物の**利用権**）。

　第三者は権利者の許諾を受けずに二次的著作物を創作すること自体が禁じられています。
　それでは、第三者が原作者に無断で二次的著作物を創作してしまったら、完成した作品はどうなるでしょうか？
　この場合、二次的著作物を創作した行為は違法行為とはなりますが、違法行為によって創作したものであっても二次的著作物として成立すること自体は同じです。原著作物の著作者はその二次的著作物の利用についての権利を有します（違法行為をどう取り扱うかは別のこととなります）。

腕だめしクイズ　こんな場合は？　episode B

　寺院Aは、仏師Bに観音像の制作を依頼した。
　これを受けてBは観音像を制作し、Aに引き渡し、制作代金を受け取った。

　Aは、前記観音像の仏頭部のみを変更することを思い立ち、Bに相談するが拒絶される。Aは、Bには内緒で仏師Cに仏頭部のみの制作を依頼した。これを受けてCは観音像を制作した。

　Aは、仏頭部をすげ替えた観音像を公開した。

　Bは、公開された観音像を見て愕然とした。仏頭部のみがすげ替えられているからである。

　Bは、Aのこのような行為は、到底許されないことであるとして、観音像制作当時の仏頭部に現状回復すること、公衆の観覧に供することの差止め等を求めて提訴した。

※この事例は、フィクションです。実際の判例とは無関係に創作したものです。

　あなたは、この事件について、どのように感じましたか？　予想してみてください。

《予想》
1．観音像制作当時の仏頭部に現状回復することを命じることはできる。
2．Bは、既に制作代金を受け取っていて、所有権はAに移転しているから、Aが観音像をどのように使用・収益・処分したとしても、Bが口をはさむことはできない。仏頭部の変更は、Aが自由に行える。
3．その他（　　　　　　　　　　　　　　　　　　　　　　　）

本章のねらい・ポイント

著作財産権にはさまざまな権利（支分権）や二次的権利があり、これらの権利によって著作権者は厚く保護されています。一方、あまり厚く保護するばかりでは、著作物の活用が妨げられて、かえって文化の発展という法目的に合致しないことになります。本章では、それぞれの目的に照らして著作財産権の行使が制限されるケースを学びます。

第5章 著作財産権の制限

本章の内容

1 著作財産権の制限
30条から47条の8まで著作財産権の制限規定が設けられています。これらの規定は著作財産権の制限で、著作者人格権の制限ではないことに留意してください。著作者人格権は別個に働きますので、著作財産権が制限されていても著作者人格権の侵害に該当する場合があります。

2 著作財産権の制限関連規定
著作財産権の制限規定に関連して、複製等された著作物の二次的利用や譲渡、目的外使用、出所明示に関して規定されています。

26話　私的使用

ハナちゃんはダイエットに効果的な人気プログラムを紹介しているDVDを購入した。自分で試してみたところ効果的であることがわかった。

> 解　説

- 「お父さん、これハナにもらったんだけど、私的使用になるのかな」
- 「む!?　これは!!」
- 「どうしたの？」
- 「(密かにやってみたいと思ってたプログラムじゃないか……)」
- 「もきゅ？ (˙ω˙)」
- 「はっ……いかんいかん。ん？　私的使用のことかな」

私的使用とは？

　個人的または家庭内等の少数の仲間内等での使用を目的とする場合には、許諾なく複製することができます。これが「私的使用」です。例えばビデオ録画して後で見たり、自分で持っている本のコピーを取って少数の仲間内の勉強会で配るような場合です。

　個人的な結合関係をベースにしているので、たとえ小人数であっても、会社の会議に使用するために必要なコピーを取ることまでは認められないと解されています。

　許諾なくできるのは「複製」なので、ホームページに掲載すること等は認められません。

　私的使用のための複製には、以下の例外があります（30条1項）。例外の内容は138頁を参照ください。

ⅰ．公衆の使用に供することを目的とした自動複製機器を用いての複製（同1号）
ⅱ．技術的保護手段の回避により可能となった複製等を、その事実を知りながら行う場合（同2号）
ⅲ．海賊版のダウンロード行為（同3号）

- 「裏技を使ったってことは、コピーガードを無効にすることを知りつつコピーしたものと思われるので…残念だが…私的使用には該当しないんだ…」
- 「うーん。。。じゃハナに返した方がいいのね」

第5章　著作財産権の制限

27話　図書館等における複製

藍ちゃんはハナちゃんと大学の図書館へ行った。

1 図書館の本の複製については、著作財産権が制限されるの。へぇ～。だからコピーできるのね。

2 うわぁ♪この絵きれい。クリムトだね。部屋に飾りたいな。ホントだ。きれい♪

3 コピー追加していいですか？。すみません、それは、コピーできないんですよ。

4 どうしてできないの？私もわかんない…。

| 解　説 |

- 「図書館でクリムトの絵をコピーしようとしたら断られたんだけど。。」
- 「図書館でコピーするには、いくつか注意しなきゃいけない条件があるんだ」
- 「へー、何があるのかな」

　図書館が果たしている公共的サービスを確保するため、一定条件の下に図書館の本の複製（コピー）が認められています。
　複製に当たっては、以下の条件に注意する必要があります。
ⅰ．利用者の調査研究を目的とするものであること
　　したがって、観賞目的でコピーすることはできません。
ⅱ．コピーできるのは著作物の一部分であること
　　本を丸ごとコピーすること等はできませんし、本の一部であっても、その本の中に含まれている著作物の全部をコピーすることはできません。
ⅲ．1人につき1部であること
　　代表者が全員の部数をまとめて依頼することはできないと考えられます。

- 「図書館でコピー可能なのは、図書館の公共的なサービスを確保するために、著作財産権の行使が制限されているからなんだ」
- 「なるほど。何でもコピーできるわけじゃないんだね」
- 「藍の場合は、部屋で飾ろうとしてたんだし、そもそも絵という1つの著作物全体をコピーしようとしてたわけだからね」
  「コピーしてもらえなくて当然なんだよ」
- 「なぁんだ。。残念だな」

28話　引用

雄介君は学校のレポート作成の期限が迫っていたので、少々焦り気味であった。夜遅くまで、インターネットで関連する情報を収集していた。

1
お♪　いい文章があった。これはすげぇ参考になる。

2
『―――…私もそのように思います。』っと。
よし、これでできた。
コピペ　コピペ

3
なぁ、レポートの中に他人の文章をこんなに取り込んでも問題ないのか？

4
引用っていって、自分の文章を補強するために取り込むことは認められているの。だから大丈夫だと思うよ。
おお。なら良かった。
ちょっと待った！

解　説

　一定の場合、他人の著作物を自分の著作物の中に引用することができます。

　引用の典型としては、例えば自分で論文等を作成している場合に、他人の意見を論評したり、自分の主張を補強するために他人の文章を取り込む場合などがあります。

　引用するためには、以下の要件を満たす必要があります。

ⅰ．公表された著作物であること
ⅱ．公正な慣行に合致し、かつ、報道、批評、研究その他の引用の目的上正当な範囲であること
　ⅱの要件については、判例により
A．主従関係（自分の作成した著作物が主であり、引用した著作物は従であること）
B．明瞭区分性（引用する文章をかぎカッコで括るなど引用したことが明確になっていること）

　また、引用するためには、その出所を明示しなければなりません（48条）。
　まとめると、
・公表された著作物であること
・主従関係
・明瞭区分性
・出所の明示
が必要です。

「なるほど (^^;;)　確かにこのままじゃ雄介君のレポートじゃないよね」
「集めた文章を切り貼りするのも結構大変なのに。。。」
「こらこら (^^;;;)」

29話　学校教育における著作財産権の制限

灘先生は、今期の学生のテストの成績が悪かったので、対策をすべく試験結果の分析を行っていた。

1　うーん……。古典の読解力が弱いなぁ。

2　おお。こりゃあいい。丁度良い。古典読解力強化ドリルがあった。これを勉強させよう。

3　ウィーーーーン　ガショッ　ガショッ

4　灘先生。一冊丸ごとコピーしてもいいんですか？　教育目的でコピーするのは許されるんだ。ちょっと待った！

解　説

　教育目的のために必要限度の複製が認められています（35条）。担任の先生が小説の一部をコピーしたり、TV番組を録画する等の行為が該当します。

- 「教育目的なら1冊丸ごとコピーしてもいいの？」
- 「ところが、そうもいかないんだよ」
- 「先生がプリントを配ってくれるとわかりやすいんだけどなぁ」
- 「あくまでも必要限度の複製が認められているだけなんだ」
- 「1冊丸ごとコピーなんかしたら著作権者が損しちゃうでしょ」
- 「だよね。。ちゃんと金払ってくれって思うよね」
- 「明日、灘先生にそう言っとくね」

　なお、平成15年法改正で、児童生徒が主体的に調べることが重視されてきているので、担任の先生以外に授業を受ける者も複製主体として加えることとされました。

　学校教育関係では、他に
(1) 著作物の教科書への掲載（33条）
(2) 弱視児童等向けの教科拡大図書等の作成のための複製（33条の2）
(3) 著作物の学校教育番組での放送・有線放送（34条）
(4) 入学試験等試験問題のための複製・公衆送信（36条）
について著作財産権が制限されています。

30話　福祉目的による著作財産権の制限

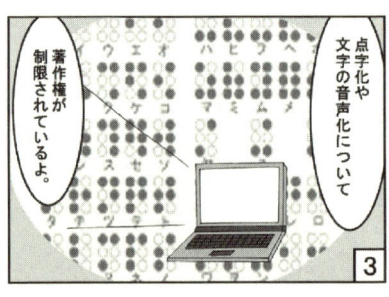

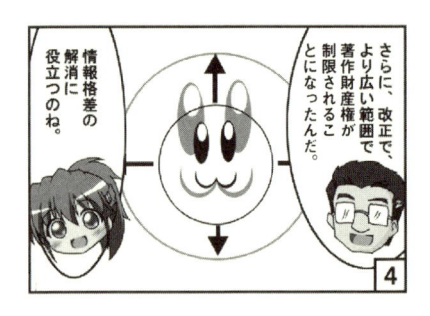

> きまったーーーっ！
> 日本の岡島が優勝ーーっ！

3
点字化や文字の音声化について著作権が制限されているよ。

1
障害のある人が活躍できる場面がふえてきてるよね。
サポートする制度も充実してきてるからね。

4
さらに、改正で、より広い範囲で著作財産権が制限されることになったんだ。
情報格差の解消に役立つのね。

2
著作権法ではサポートする制度はないの？
ん〜．．．。

> 解　説

　視覚障害者・聴覚障害者等のために、一定の場合、著作財産権が制限され、複製等をすることができます（37条、37条の2）。H21年法改正でこの内容が見直されました。

🧒「福祉関係は改正でどう変わったの？」
👨「まず、著作物を複製等できる主体の範囲が広くなったことがあるね。一定の公共図書館等でも、視覚障害者向けに録音等できるようになったんだ」
🧑「対象者は？」
👨「視覚障害者や聴覚障害者ばかりでなく、読書に支障のある障害者や聴覚による表現の認識に障害のある者などが対象になったよ」
🧑「制限される行為は？」
👨「視覚障害者等の場合は、デジタル録音等多様な方式で複製や自動公衆送信ができるようになったよ。聴覚障害者の場合は、リアルタイム字幕のみでなく、字幕や手話を付した複製物を作成して、それを自動公衆送信することもできるようになったんだよ」
🧑「障害者の情報アクセスを保障し、情報格差を是正することが目的なのね」
👨「おいおい、それは私が言うセリフだよ」

第5章　著作財産権の制限　127

31話　営利を目的としない上演等

今日は大学祭。雄介君はバンドのドラムを熱演した。

いくぜ！

1
雄介君、カッコイイ！

2
そういや、雄介君、演奏の許可はとってるの？
ん？いや。特に。

3
だって、作曲者の権利があるはずだけど…。

4
たかが、大学祭だし。大丈夫だろ。
そうなのかなぁ…。

128

解説

　非営利で**料金を徴収せず**出演者に**報酬を支払わない**場合には、公に上演、演奏、上映、口述することができます。雄介君が大学祭で行う演奏の場合も、演劇部が行う演劇もこの条件に当てはまれば、著作権者の許諾なくすることができます（38条1項）。
　似たようなケースでも、ホテルで流れるBGMは非営利とは言いがたく、チャリティコンサートは有料なので、著作権者の許諾が必要と考えられます。

「大学祭でのライブは自由に演奏できるの？」
「非営利で料金を徴収せずに、しかも出演者に報酬を支払わないなら大丈夫だよ」
「そうなんだ！　安心したぁ」

　また、放送される著作物を有線放送したり伝達すること等に関しても、非営利等であれば著作財産権が制限されます（38条2項、3項、4項）。

　なお、複製は営利を目的としない上演等の対象にはなっていないことに留意してください。

# 32話　報道関係の利用

TVで有名絵画の盗難のニュースが報じられていた。

「3億円の絵」盗難

1.
この絵、3億円もするんだって。
すっごいね〜。

2.
でもさ。少しおかしくない？
何が？

3.
TV局は勝手に絵を映していいの？

4.
なくちゃわかんないよ…。
それもそうだけど…。

> 解　説

　有名絵画の盗難事件があったときは、盗まれた絵画の写真を示して事件報道されます。絵画の写真をテレビで放映すると、著作権者の複製権や公衆送信権を侵害することになりそうですが、法はこのような場合には、報道目的のやむを得ない行為として、著作財産権を制限して著作物の利用を認めています（41条）。
　盗まれた絵が示されなければ、事件の報道にも実感が湧かないですよね。

「やむを得ない場合は著作財産権が制限されるんだね」
「著作権法も空気を読んでるってこと？」
「それ、前に私が言ったことだよ（笑）」
「あわわｗｗｗ」

　なお、時事問題に関する論説については許諾なく転載・放送等ができ、政治上の演説等については許諾なく利用することができます（39、40条）。

33話　インターネットオークション等における著作財産権の制限

1
あ、この絵知ってる。
有名なの？

2
アート山っていうユニークな美術館にある絵だよ。
へ〜〜。そんなのあるんだ。
ででん！
美

3
ところで、ネットに載ってるのって原画の写真だよね。
そういやそうだね。

4
オークションする人ってネットに自由に掲載できるの？
かもね。写真とかないとわからないし…。

解　説

- 「アート山って、アートで有名な直島にあるのかい？」
- 「淡路島だよ。今度連れて行ってあげるね」
- 「ネットオークションで絵を売る時に、絵の写真を掲載しても良くなったのね。どうしてそうしたの？」
- 「それはね、ネットオークションで絵を売る場合、その絵をネットに掲載する必要があるよね？」
- 「絵を見ないで絵を買う人はいないものね」
- 「そう。ところが絵そのものはネットに掲載できないので、どうしても写真に撮る必要がある。そうすると複製になるし、送信可能化にもなるんだよ」
- 「『引用』ってあったよね？　それではダメなの？」
- 「引用とは言えない場合も多いからね。そこをはっきりさせるために改正したんだよ」

34話　プログラムの著作物の所有者による複製等

雄介君はアプリケーションソフトを購入し、パソコンにインストールした。

1. 雄介君。いいソフト持ってるね。
2. それ、3割の値段で売ろうか？／本当？
3. でも、雄介君はどうするの？／ふふふ。大丈夫。
4. ちゃんとインストールしてるし、もしもの時は貸してね。／せこいっ！

| 解　説 |

　プログラムの著作物は、紛失防止等のためにコピーすることが認められます。ただし、できるのは所有者に限られ、プログラムの著作物を借りている者等はコピーできません（47条の3）。

- 「ソフトのバックアップって、やってもいいの？」
- 「紛失防止のためとか、機器の修理・交換の場合はバックアップが認められるよ」
- 「ふーん。。雄介君にインストール済みのソフトを譲ってもらったんだけど」
- 「その場合、雄介君はインストールしてるソフトを消去しなきゃいけないよ」
- 「だよね。。。そうしないと私が無料で手に入れたのと同じことになるもんね」

　プログラムを他人に譲渡した場合に、バックアップのコピーを保有していれば、譲渡の後も当該プログラムの著作物を使用することができます。そうなると、実質的に無料で1部入手したのと同様のこととなり、著作権者の利益が害されます。
　したがって、このような場合には保存していたコピーを廃棄しなければなりません。

　雄介君は藍ちゃんにソフトを譲った以上、インストールしているプログラム（ソフト）を消去しなければならないのです。

　また、フラッシュメモリ等の記憶媒体を内蔵する機器の修理・交換を行う場合にも一時的にバッククアップ機器に複製することが認められますが、修理・交換後には消去しなければなりません（47条の4）。

35話　インターネット検索会社等における著作財産権の制限

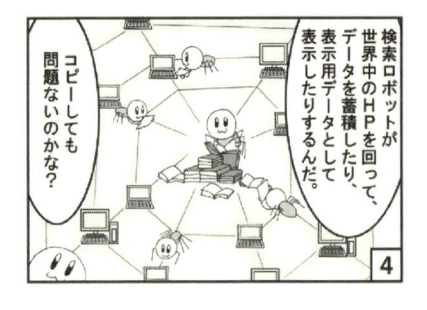

先生…。
最近レポート出しすぎ…。

1
検索でさくさくっと♪
よし、完成。

2
パソコン買い換えてから応答も速くなってさ。
へ～。

3
ところで、検索会社ってどんなことしてるの？
ああ、それはね。

4
検索ロボットが世界中のHPを回って、データを蓄積したり、表示用データとして表示したりするんだ。
コピーしても問題ないのかな？

136

| 解　説 |

- 「検索会社がウェブサイトをコピーしたりするのって問題ないの？」
- 「お！　よく気がついたね。実は、法改正で、検索会社が他人のウェブサイト情報を蓄積したりする行為が認められるようになったんだ」
- 「今まではどうだったの？」
- 「法律上は認められているとは言えず、問題があったんだ。でも、インターネット検索ができなくなったら困るだろう？」
- 「そりゃそうよ。レポート作成は絶対無理だし、検索ができなくなったら一日も生きていけない」
- 「オーバーな」
- 「技術に法律が追いついていなかったんだね。だから改正ではっきりOKとしたんだよ」

1　著作財産権の制限（30〜47条の8）

　原則通り著作財産権が働くと、法目的等の観点からかえって妥当でない場合が生じます。そこで、30条から47条の8までさまざまな類型により著作財産権を制限する規定を設けています。

　なお、著作権の制限規定に該当しても著作財産権が働かないのみで、著作者人格権には影響しないことに注意しましょう。著作財産権と著作者人格権はそれぞれ別個に働くからです。

（1）私的使用（30条）

　「私的使用のための複製」と言われる著作権の制限の代表的なものです。
　「私的使用のための複製」については、30条1項1〜3号の例外規定が設けられています。

> 著作権の目的となっている著作物は、個人的に又は家庭内その他これに準ずる限られた範囲内において使用すること（「私的使用」という。）を目的とするときは、次に掲げる場合を除き、その使用する者が複製することができる（30条1項柱書）。
>
> ・公衆の使用に供することを目的とした自動複製機器を用いて複製する場合（同1項1号）
> ・技術的保護手段の回避により可能となり、又はその結果に障害が生じないようになった複製をその事実を知りながら行う場合（同1項2号）
> （同1項3号は別記）

＜例外規定＞
1号1項
　例えば貸しビデオ店でダビング機を用いてビデオを複製することは違法にな

ります。もっとも、文書又は図面の複製については当分の間、自動複製機器を用いて複製できることとなっています。コンビニの店内でコピーできるのもそのためです。

1項2号

技術的保護手段の回避とは、たとえば、キャンセラーなどを用いてコピーガードを無効化するような行為をいいます。

1項3号

> ★法改正
> 著作権を侵害する自動公衆送信（国外で行われる自動公衆送信であって、国内で行われたとしたならば著作権の侵害となるべきものを含む。）を受信して行うデジタル方式の録音又は録画を、その事実を知りながら行う場合（30条1項3号、H21年法改正により新設）。

権利制限規定の改定

私的使用の目的で行う複製のうち、著作財産権を侵害する自動公衆送信を受信して行うデジタル方式の録音または録画を、その事実を知りながら行うものは、複製権が及ぶこととしました。海賊版であることを知りながらダウンロード等することは私的使用から除外され、著作財産権を侵害することとなります。

違法配信からの私的録音録画の規模が通常の著作物の市場規模に達していること、ファイル交換ソフトによる違法配信からの録音録画の場合には違法な自動公衆送信を行う者を特定するのが困難であること等から、アップロードを行う者に対処するだけでは、十分対応できませんでした。このため、違法録音録画物、違法配信からのダウンロード行為についても違法とすることとしたものです。

> お。
> 公開前の映画がネットにあがってる。ダウンロードしよっと♪

> いや……。
> 普通に違反だから……。

要点・用語 「映画の盗撮の防止に関する法律」について

　映画館にビデオカメラを持ち込み、映画を録画した後、ダビングして格安ビデオとして販売するという事件が起きています。この行為については、録画行為が発覚した場合において、実行者が私的使用であると主張した場合には、著作権の効力が及ばないという問題がありました。そこで、上記新法を制定し、映画の盗撮については、30条1項（私的使用）の規定は適用せず、差止め請求、損害賠償請求の対象とすることとされました。また、映画の盗撮を行った者に対する罰則については、119条1項のかっこ書の適用除外の対象としないこととし、10年以下の懲役もしくは1,000万円以下の罰金、またはこれの併科とすることとされました。新法は平成19年8月から施行されています。

30条2項

　私的使用目的であっても、デジタル方式の録音・録画機能を有した機器を用いて録音・録画をする場合には、補償金の支払いが必要です。1項1～3号と異なり違法となるわけではありません。

> 私的使用を目的として、デジタル方式の録音又は録画の機能を有する機器であって政令で定めるものにより、当該機器によるデジタル方式の録音又は録画の用に供される記録媒体であって政令で定めるものに録音又は録画を行う者は、相当な額の補償金を著作権者に支払わなければならない（30条2項）。

　デジタル方式で録音・録画等を行うと制限なく劣化のないコピーができるので、権利者の保護のために規定しました。補償金の支払はDVD装置等の購入時の課金により行われます（購入価格の中に補償金も含まれています）。

要点・用語　私的録音録画補償金（104条の2〜104条の10）

　30条2項の補償金は、文化庁長官が指定する録音、録画各々一の団体（指定管理団体）のみが権利者のために権利行使できることとなっています。

第5章　著作財産権の制限

（2）図書館等における複製（31条）

国立国会図書館及び政令で定める図書館等においては、次に掲げる場合には、その営利を目的としない事業として、図書館資料を用いて著作物を複製できる（31条1項柱書）。

ⅰ．図書館等の利用者の求めに応じ、その調査研究の用に供するために、公表された著作物の一部分（発行後相当期間を経過した定期刊行物に掲載された個々の著作物にあっては、その全部）の複製物を1人につき1部提供する場合（同1号）
ⅱ．図書館資料の保存のため必要がある場合（同2号）
ⅲ．他の図書館等の求めに応じ、絶版その他これに準ずる理由により一般に入手することが困難な図書館資料の複製物を提供する場合（同3号）

要点・用語 **複製主体・範囲等**

・コピーするのは、原則として図書館であり、利用者ではありません（セルフコピー式であっても「図書館の管理の下に」という考えです）。
・コピーできるのは「著作物の一部分」であり、その本の一部分ではないこと。
　ある著作者の分担がその本の内の数ページのみであれば、その数ページを丸ごとコピーすることはできません（多摩市立図書館複写拒否事件　東地H 7.4.28）。
・利用者の求め以外に図書館の事情によりコピーできるケースもあります（31条1項2、3号）。

裁判例 **多摩市立図書館複写拒否事件（東地H7.4.28）**

「土木工学事典」全822頁のうち7頁分のコピーを申請して拒否された多摩市民が多摩市を被告として、図書館が複製権を有していることの確認等を求めて訴えた。請求棄却。

著作権法31条1項1号の「著作物の一部分」について、裁判所は「本件著作物は編集著作物であるが、各項目、論文ごとに著作者名が明示されている以上はそれぞれの項目、論文を1著作単位と判断するのが妥当である」とし、原告が申請したものは1項目全部なので、一部には該当しないとしました。

★法改正
国立国会図書館においては、図書館資料の原本を公衆の利用に供することによる滅失、損傷又は汚損を避けるため、原本に代えて公衆の利用に供するための電磁的記録を作成する場合には、必要と認められる限度において図書館資料に係る著作物を記録媒体に記録することができる（31条２項、H21年法改正により新設）。

　国立国会図書館において、図書館資料の損傷・劣化を予防して原本を良好な状態で保存するために許諾なく電子化できることとしました。従って電子化後は原則として、閲覧及び一部複製のために原本ではなく電子データが用いられます。なお、ネットワーク活用による遠隔地への配信等については、保存目的の電子化を超えるため、認められないと考えられています。

(3) 引用 (32条)

引用は私的使用と並んで最も重要な制限規定の1つです。

> 公表された著作物は、引用して利用することができる。この場合において、その引用は、公正な慣行に合致するものであり、かつ、報道、批評、研究その他の引用の目的上正当な範囲内で行なわれるものでなければならない（32条1項）。

引用の要件が満たされれば「利用」できます。複製に限定されない点に留意してください。

裁判例　パロディ事件（最S55.3.28）

　他人の写真を取り込んで合成写真（パロディ）を作成したことに対し損害賠償請求をした事件。請求認容。

　裁判所は「引用とは、紹介、参照、論評その他の目的で自己の著作物中に他人の著作物の原則として一部を採録することをいうと解するのが相当であるから、右引用にあたるというためには、引用を含む著作物の表現形式上、引用して利用する側の著作物と、引用されて利用される側の著作物とを明瞭に区別して認識することができ、かつ、右両著作物の間に前者が主、後者が従の関係があると認められる場合でなければならないというべきであるところ本件写真は従たるものとして引用されているということはできないから、本件写真が引用されているということもできないものである」と判示しました。

　引用の要件として「明瞭区別性」と「主従関係」が示されました。

> **裁判例** 藤田嗣治絵画複製事件（東高S60.10.17）
>
> 絵画（美術の著作物）の引用要件について争われた。
> 裁判所は「絵画であっても「主従性」が要件となるとし、本件絵画は独立した鑑賞性を有するものなので、主従性を満たさず、引用に該当しない」と判示しました。

> 国等の機関が一般への周知目的で作成し、その著作の名義の下に公表する著作物は、禁止する旨の表示がある場合を除いて、説明の材料として新聞等の刊行物に転載できる（32条2項）。

　国等の機関が一般への周知目的で作成し、その著作の名義の下に公表する著作物は、原則として新聞等の刊行物に転載できる（32条2項）旨も規定しています。白書などが該当します。

（4）学校教育、試験における利用（33、33条の2、34、35、36条）

　学校教育や学校における試験を円滑に行うための規定です。以下の規定が設けられています。

①教科書等への掲載（33条）

> 公表された著作物は学校教育の目的上必要な限度で教科用図書に掲載することができる（33条1項）。
> 1項の場合、その旨を著作者に通知し、一定額の文化庁長官が定める補償金を著作権者に支払わなければならない（同2項）。

学校の教科用図書に掲載する場合には、著作権者の許諾なしにすることができます。ただ一定額の補償金の支払が必要です。なお、掲載することを通知する相手は「著作者」であることに注意が必要です。

②教科用拡大図書等の作成のための複製等（33条の2）

> 教科用図書に掲載された著作物は、弱視の児童又は生徒等の学習の用に供するため、文字の拡大等使用のために必要な方式により複製することができる（33条の2第1項）。
> （2、3項省略）

　15年法改正により弱視の児童等のために33条の2を新設しました。なお、作成する場合には、予め教科用図書の発行者にその旨を通知するとともに、営利目的の場合には文化庁長官の定める補償金を著作権者に支払わなければなりません。

③学校教育番組の放送等（34条）

> 公表された著作物は、学校教育の目的上必要と認められる限度において、一定の学校向けの放送番組等で放送し、有線放送し、又は当該放送を受信して同時に専ら当該放送に係る放送対象地域において受信されることを目的として自動公衆送信（入力型含む。）を行い、及び放送番組用又は有線放送番組用の教材に掲載することができる（34条1項）。

　著作者に通知し、著作権者に一定額の補償金を支払うのは33条と同様です。H18年法改正により自動公衆送信も含まれることとなりました。

> 試験問題として
> コピーするのはOK？

④学校その他の教育機関での複製（35条）

学校等の教育機関（営利目的のものを除く）で、担任の先生又は授業を受ける生徒等は、授業の過程で使用するために、必要な限度で、公表された著作物を複製できる。ただし、著作物の種類及び用途並びにその複製の部数及び態様に照らし著作権者の利益を不当に害する場合には、複製できない（35条1項）。

35条1項で授業を直接受ける者に対して公表された当該著作物をその原作品等を提供・提示して利用する場合又は当該著作物を38条1項の規定により上演・演奏等して利用する場合には、学校授業が行われる場所以外の場所で当該授業を同時に受ける者に対して公衆送信（送信可能化を含む）を行うことができる。ただし、当該著作物の種類及び用途並びに当該公衆送信の態様に照らし著作権者の利益を不当に害する場合は、この限りでない（同2項）。

2項では、複数の学校をネットで結び、遠隔地で同時授業を実施する態様のものが現れていることに鑑み、遠隔授業を行う場合の送信も権利侵害にならないこととされました。なお、いったん録画して、後に送信するような行為は本条の対象ではありません。

⑤試験問題としての複製（36条）

> 公表された著作物は入学試験等の試験や検定の目的上必要な限度で試験・検定問題として複製し、公衆送信（放送・有線放送を除く。送信可能化を含む。）することができる。ただし、著作物の種類及び用途並びにその公衆送信の態様に照らし著作権者の利益を不当に害する場合には、できない（36条1項）。
>
> 営利目的で複製又は公衆送信を行う者は、相当額の補償金を著作権者に支払わなければならない（同2項）。

試験問題の作成には秘密性が必要なので、著作権者の許諾なく複製等することができることとしたものです。なお、学校テスト用問題集において、学校の国語テストが教科書から出題されることは当然予想できるので、教科書を出題範囲とすることに秘密性があるとはいえず本条には該当しないと判断された裁判例があります（小学校用国語テスト事件〔東高H16.6.29〕）。

また、試験問題に用いる場合は営利目的の機関でもコピーできますが、補償金の支払が必要です。

（5）福祉目的の利用（37、37条の2）

福祉目的の利用については、一定の行為が認められます。

視覚障害者等については、

> 公表された著作物は、点字により複製することができる（37条1項）。
>
> 公表された著作物は**電子計算機を用いた点字処理方式**により記録媒体への記録や公衆送信（放送・有線放送を除く。送信可能化を含む。）ができる（同2項）。

> ★法改正
> 視覚障害者等（視覚障害者その他視覚による表現の認識に障害のある者をいう。）の福祉に関する事業を行う者で政令で定めるものは、公表された著作物で、視覚によりその表現が認識される方式により公衆への提供等がされている著作物（視覚著作物）について、専ら視覚障害者等で当該方式によっては当該視覚著作物を利用することが困難な者の用に供するために必要と認められる限度において、文字を音声にすることその他当該視覚障害者等が利用するために必要な方式により、複製し、又は自動公衆送信することができる。ただし、著作権者等により、当該方式による公衆への提供等が行われている場合はこの限りでない（37条3項、H21年法改正により改正）。

と規定しています。

　従来、著作物の音声化等については、主体は点字図書館等視覚障害者のための福祉施設、提供の対象は視覚障害者、行為は貸出し等のための録音、その録音物のインターネットによる配信でした。これに対して主体を広げ、提供の対象を知的障害者、発達障害者に広げることが必要であること、提供する行為も多様化する障害者の情報ニーズに対応する必要があるとの指摘がありました。このため、新3項（H21改正）により、主体は公共図書館やNPO法人も含めた「視覚障害者等の福祉等に関する事業を行う者で政令で定めるもの」とし、提供の対象は「発達障害」や「色覚障害」等を含む「視覚による表現の認識に

障害のある者」とし、提供する行為もデジタル録音図書、布の絵本、立体絵本
等障害者に必要な方式により複製・自動公衆送信できることとしました。

※点字図書館などによる
視覚障害者への録音

そこまでしなくても……。

聴覚障害者等については、

> ★法改正
> 聴覚障害者等（聴覚障害者その他聴覚による表現の認識に障害のある者をいう。）の福祉に関する事業を行う者で政令で定めるものは、公表された著作物であって、聴覚によりその表現が認識される方式により公衆への提供等がされている著作物について、専ら聴覚障害者等で当該方式によっては当該聴覚著作物を利用することが困難な者の用に供するために必要と認められる限度において、音声を文字にすることその他当該聴覚障害者等が利用するために必要な方式により、当該著作物の音声の複製若しくは自動公衆送信をし、又は専ら聴覚障害者等向けの貸出しの用に供するために複製することができる。ただし、著作権者等により、利用するために必要な方式による公衆への提供等が行われている場合はこの限りでない（37条の2、H21年法改正により改正）。

と規定しています。

　従来、著作物の文字化については、著作物の範囲は放送・有線放送される著作物、文字化の主体は政令で定める聴覚障害者用施設、提供の対象は聴覚障害者、行為は放送等される著作物に係る音声を文字にしてするインターネット通信（いわゆるリアルタイム字幕でのインターネット送信）でした。これに対して著作物の範囲・文字化主体を広げ、提供の対象も難聴者や発達障害者等に広げることが必要であること、リアルタイム字幕に限定せずに文字化を行う必要があるとの指摘がありました。このため、法改正で、著作物の範囲を映画等も含めた聴覚で表現が認識される公表著作物とし、文字化の主体を公共図書館等も含めた聴覚による表現の認識に障害のある者の福祉に関する政令で定める事業所とし、提供の対象は、聴覚による表現の認識に障害がある者とし、提供する行為として、原則的に、リアルタイム字幕に限定されずに、音声を文字にすること又は必要な方式により複製し、ネットで送信すること、貸出しのために複製することが認められることとなりました。これにより、異時の字幕等の送信、手話等の作成、字幕入り映画の貸出しが可能になりました。

（6）営利を目的としない上演等（38条）

　非営利目的で料金を徴収しない場合は、一定の行為について利用することができます。ただし5項の映画の著作物だけは、報酬の支払いが必要です。

> 公表された著作物は、ⅰ非営利で、ⅱ料金を徴収せず、ⅲ出演者等に報酬を支払わない場合には、著作権者の許諾なく公に上演、演奏、上映、口述することができる（38条1項）。

　文化祭で演劇を行ったり、ブラスバンド部が楽曲を演奏したりすること等が該当します。
　チャリティショーなどは、寄付目的であっても料金を徴収していれば上記要件を満たさないことになります。

> 放送される著作物は、非営利で料金を徴収しない場合には、有線放送し、又は専ら当該放送に係る放送対象地域において受信されることを目的として自動公衆送信（入力型含む。）できる（38条2項）。
>
> 放送・有線放送される著作物は、非営利で料金を徴収しない場合には、受信装置を用いて公に伝達できる。通常の家庭用受信装置を用いてする場合も、同様とする（同3項）。

　2項でH18年法改正により規定された自動公衆送信というのは、原放送の放送地域内で同時再送信する場合に限定されています。したがって、放送地域内に限定して同時再送信することの困難な一般のインターネットは含まれないことになります。
　「入力型」については、実演家の権利の項で説明します。
　また、3項により非営利で無料であれば大型テレビで公衆に伝達でき、家庭用テレビであれば、営利目的であっても伝達できます。喫茶店などで客にテレビを視聴させる場合が該当します。

> 公表された著作物は、非営利で料金を徴収しない場合には、その複製物（映画の著作物の複製物を除く。）を貸与することができる（38条4項）。
>
> 視聴覚教育施設等で政令で定めるもの**及び聴覚障害者等の福祉に関する事業を行う者で37条の2の政令で定めるもの**であって、料金を徴収しない場合には、公表された映画の著作物の複製物を貸与できるが、相当額の補償金の支払いが必要である（同5項。太字はH21年法改正による追加部分）。

　図書館が著作権者の許諾なく利用者に書籍を貸与できるのも、38条4項の制限によるものです。なお、図書館利用者が館内で貸し出しを受けるのは、著作権法上の「貸与」に該当しないと考えられます。マンガ喫茶の場合と同様ですね。
　映画の著作物の場合は、政令で定める視聴覚教育施設に限定されており、かつ、補償金が必要です。

(7) 報道関係の利用（39～41条）

時事問題に関する論説の転載等（39条）
新聞・雑誌に掲載された時事問題に関する論説は、学術的な性質を有するものを除き、他の新聞・雑誌に転載・放送・有線放送・当該放送を受信して同時に専ら当該放送に係る放送対象地域において受信されることを目的として自動公衆送信（入力型含む）を行うことができる（同1項）。ただし、利用禁止の表示があればこの限りではない。なお、放送等される論説は受信装置により公に伝達できる（同2項）。

政治上の演説等の利用（40条）
公開して行われた政治上の演説や陳述、裁判手続における公開の陳述は、同一の著作者のものを編集して利用する場合を除いて、方法を問わず利用できる（1項）。また、議会における演説等は、正当な報道目的であれば、新聞掲載・放送等することができる（2項）。前条同様に伝達もできる（3項）。

時事の事件の報道のための利用（41条）
著作物に関する時事の事件を報道するために、その著作物が事件を構成する場合、又は事件の過程において著作物が見られ、若しくは聞かれる場合には、報道の目的上正当な範囲内においてその著作物を利用できる。

　40条の裁判手続には行政庁の行う審判も含まれます。42条1項の裁判手続も同様です。
　41条の例としては、他にスポーツ中継テレビの中で応援する側の演奏する曲が流れたりすることが該当します。

(8) 裁判手続、情報公開法等による利用 (42、42条の2)

> 裁判手続等における複製 (42条)
> 裁判手続や、立法、行政上の内部資料として必要な場合には、必要限度で著作物を複製することができる。ただし、当該著作物の種類及び用途並びにその複製の部数及び態様に照らし著作権者の利益を不当に害する場合は、この限りでない (同1項)。
>
> 以下についても、1項と同様とする (同2項)。
> 1．行政庁の行う特許、意匠、商標に関する審査、実用新案に関する技術的評価、国際出願に関する国際調査・国際予備審査に関する手続
> 2．行政庁等の行う薬事に関する審査、調査等に関する手続
>
> 情報公開法等による開示のための利用 (42条の2)
> 行政機関の長等は、情報公開法等の規定により著作物を公衆に提供又は提示することを目的とする場合には、情報公開法等で規定する方法により、著作物を必要な限度で利用することができる。

　裁判手続、特許審査、薬事法審査についても必要な場合には著作物を複製でき、情報公開法による開示のために著作物を利用することができます (42条)。
　42条2項はH18年法改正により新設されました。国際競争力強化や医薬の迅速な審理等の観点から、特許審査や薬事審査において許諾なく文献等の複製ができることとなりました。

(9) 放送事業者等による一時的固定（44条）

> 放送事業者又は有線放送事業者は、適法に放送できる著作物を、自己の放送又は有線放送のために、自己の手段等により、一時的に録音・録画することができる（44条1項・2項）。
>
> 作成された録音・録画物は、原則として、録音等の後6月を超えて保存できない。ただし、政令で定められた公的な記録保存所で保存する場合は、この限りでない（同3項）。

　放送は事前にビデオ撮りすることが多いので、放送を目的とした一時的な録音や録画については許諾なくすることができます。

(10) 美術等の著作物に関する利用（45〜47条の2）

美術の著作物等の原作品の所有者による展示（45条）
美術の著作物若しくは写真の著作物の原作品の所有者等は、その原作品を公に展示することができる（同1項）。ただし、1項の規定は一般公衆に開放されている屋外の場所等に恒常的に設置する場合には、適用されない（同2項）。

公開の美術の著作物等の利用（46条）
屋外に恒常的に設置された美術の著作物や建築の著作物は、方法を問わず利用できる（同1項柱書）。ただし、彫刻の増製等、建築の著作物の建築による複製等、建築及び美術の著作物の屋外設置のための複製、専ら美術の著作物の複製物の販売を目的とした複製・販売については認められない（同項1〜4号）。

美術の著作物等の展示に伴う複製（47条）
美術の著作物又は写真の著作物の原作品等を適法に展示する者は、観覧者のための解説、紹介用の小冊子に、展示する著作物を掲載することができる。

1）45条

　著作権者と所有者の利益を調整した規定です。この規定がなければ、絵画を購入した美術館等でも許諾を得なければその絵画を展示できない場合が生じ、従来慣行に反することになります。

　２項は屋外の場所等に恒常的に設置するような場合には所有者の許諾ではなく、著作権者の許諾が必要であるとしたものです。このような態様の展示までは著作権者の権利は制限されないのです。

2）46条

・彫刻の彫刻としての増製や増製物の譲渡による公衆への提供は認められません（1号）。
・建築の著作物の建築による複製や複製物の譲渡による公衆への提供は認められません（2号）。
・屋外に恒常的に設置されている彫刻等の美術の著作物や建築の著作物を屋外の場所に恒常的に設置するために複製することも認められません（3号）。建築の著作物をミニチュアとしたりすることが該当します。
・専ら美術の著作物の複製物の販売を目的として複製・販売することも認められません（4号）。したがって、公園の彫刻をスナップ写真に撮ることは問題ありませんが、絵葉書やカレンダーとして販売することを目的として写真を撮ることなどはできません。無料配布の企業PRカレンダー用に撮影することは、「専ら美術の著作物の複製物の販売を目的として」とはいえず、認められると考えられます。なお、建築の著作物を写真撮影して絵葉書として販売しても問題ありません。

3）47条

　美術展の作品案内パンフレット等に絵画を掲載できます。ただし、観賞用となるような美麗な写真は掲載できません。

4) 47条の2

> ★法改正
> 美術の著作物又は写真の著作物の原作品又は複製物の所有者その他のこれらの譲渡等の権原を有する者は、著作権者の譲渡権又は貸与権を害することなくその原作品又は複製物を譲渡又は貸与しようとするときは、当該権原を有する者又はその委託を受けた者は、譲渡等の申出の用に供するため、これらの著作物の複製又は公衆送信を行うことができる。(これらの著作物の複製等を防止し、又は抑止するための措置その他の著作権者の利益を不当に害さない政令で定める措置を講じて行う複製等に限る。)(新設47条の2)

　インターネットオークションでの美術品販売等美術又は写真の著作物を販売する場合には、商品情報として美術品又は写真を提示することが必要ですが、その美術品等の写真(複製物)をネット上に掲載すること等はその著作物である美術品の複製権・公衆送信権を侵害するおそれがあるという問題がありました。
　そこで、上記規定を新たに設けて、美術品等の商品情報を適法に掲載できることとしました。なお、権利者の保護のため、複製・公衆送信できる者は、政令で定める著作権者の利益を不当に害しないための措置を取ることができる者に限定されています。著作権者の利益を不当に害しないための措置としては、例えば、複製を抑止するための技術的な保護手段を施すことや、商品情報の提供の際に必要な限度(画質、期間等)に限って掲載すること等が考えられます。

(11) プログラムの著作物の複製物の所有者による複製等（47条の3）

> プログラムの著作物の複製物の所有者は、自ら電子計算機で利用するために必要と認められる限度において、当該著作物を複製又は翻案をすることができる。ただし、113条2項により、侵害とみなされる場合は除かれる（47条の3第1項）。
> プログラムの著作物の複製物の所有者が滅失以外の事由で所有者でなくなった後には、著作権者の別段の意思表示がない限り、その他の複製物を保存できない。（同2項）

ソフト紛失に備えたバックアップ等のコピーが認められますが、所有者に限られます。なお、当該ソフトを販売等した場合には、コピーしたソフトは廃棄しなければなりません。

(12) 保守、修理等のための一次的複製（47条の4）

> 記録媒体内蔵複製機器の保守・修理を行う場合には、必要と認められる限度において、他の記録媒体に一時的に記録等をすることができる（同1項）。
> 記録媒体内蔵複製機器に製造上の欠陥等があるため同種の機器と交換する場合には、必要限度で同様に記録等をすることができる（同2項）。
> 保守・修理・交換後には、記録された著作物の複製物を保存できない（同3項）。

H18年法改正で新設されました。フラッシュメモリ等の記憶媒体を内蔵する機器の保守・修理を行う場合には、消失防止のために一時的にバックアップ機器に複製することを認めたものです。保守・修理以外にも初期不良が原因で機器を交換する場合には同様に一時的な複製が認められています。ただし、嗜好による新製品の買い替えや性能劣化による買い替え等の場合にまでは本規定は適用されませんので留意してください。

(13) インターネットにおける電子計算機著作物利用関連

1)送信の障害の防止等のための複製（47条の5、H21年法改正）

> ★H21年法改正新設
> 自動公衆送信装置等を他人の自動公衆送信等の用に供することを業として行う者は、自動公衆送信装置の故障又は集中による遅延による送信の障害を防止すること（47条の5第1項1号）又はその記録媒体に記録された複製物が滅失・毀損をした場合の復旧の用に供すること（同第1項2号）並びに自動公衆送信を中継するための送信を行うこと（同第2項）を目的とする場合は、必要と認められる限度において、送信可能化等がされた著作物を記録媒体に記録することができる（47条の5第1・2項）。
> ただし、第1項（1号のみ）又は第2項の場合、保存する必要がなくなった後や侵害行為であることを知ったときは保存してはならない。又、第1項（2号のみ）の場合、保存する必要がなくなった後は保存してはならない（同3項）。

インターネット事業者にインターネットの故障等による送信の障害の防止や記録媒体に記録された複製物が滅失等した場合の復旧又はインターネットを中継するための送信を効率的に行うことを目的として、送信可能化等がされる著作物を記録媒体に記録することができることとしました（同1・2項）。ただし、保存する必要がなくなった後等は保存してはならないこととしました（同3項）。なお、1項1号はオンデマンド送信の求めが特定の自動公衆送信装置等に集中することによる送信の遅延を防止するためにサーバー間で行うアクセス振分け、故障時の機能代替の際の複製、同2号は滅失・き損時の復旧に備えたオフラインでのバックアップの作成、2項は企業や大学等で外部インターネットと内部ネットワークをつなぐサーバーでフォワードキャッシュと呼ばれるキャッシングをする場合等が該当します。

2）送信可能化された情報の送信元識別符号の検索等のための複製等（47条の6、H21年法改正）

> ★H21年法改正新設
> 送信可能化された情報に係る送信元識別符号を公衆からの求めに応じて検索し、及びその結果を提供することを業として行う者は、検索及びその結果の提供を行うために必要と認められる限度において、送信可能化された著作物を記録媒体に記録・翻案し、及び公衆からの求めに応じ、送信元識別符号の提供と併せて、その記録された著作物の複製物のうち当該送信元識別符号に係るものを用いて自動公衆送信することができる。ただし、当該送信可能化が著作権侵害であることを知ったときは、その後は自動公衆送信してはならない（47条の6）。

　インターネット事業者の行うウェブサイト情報の収集・蓄積・送信等の行為を著作財産権の適用除外としたものです。

　インターネット検索は著作権法上の問題が発生するのではないかとの指摘もなされる一方で、検索対象の膨大な著作物について権利者から逐一許諾を取ることは現実的に不可能な状況にあります。したがって、検索エンジンサービス提供者の法的地位の安定性が確保されておらず、検索エンジンサービスの展開・検索エンジンの機能向上も不十分な状況でした。

　検索結果用データの作成・集積は複製・翻案、検索結果の送信は自動公衆送信に該当すると考えられることから、ネットワーク社会のインフラとして必須の検索サービスの法的地位の安定性を確保するために、権利の制限を行うこととしました。なお、ID、PWが必要な会員向サイト等は承諾がない限り本規定の対象外となります。

3）情報解析のための複製等（47条の7、H21年法改正）

> ★H21年法改正新設
> 著作物は、電子計算機による情報解析（多数の著作物その他の大量の情報から、当該情報を構成する言語、音、影像その他の要素に係る情報を抽出し、比較、分類その他の統計的な解析を行うことをいう。）を行うことを目的とする場合には、必要と認められる限度において、記録媒体への記録又は翻案をすることができる。ただし、情報解析を行う者のために作成されたデータベースの著作物についてはこの限りではない（47条の7）。

研究開発における情報利用の円滑化
　ネットワーク化のメリットを最大限に活用できるような研究開発を行うために、一定の場合に著作財産権を制限することとしました。未公開の著作物も本規定の対象となります。
　情報解析としては、ウェブ情報解析関係（社会分析等）、言語解析関係（音声の自動認識、機械翻訳等）、画像・音声解析関係（映像のシーン検索、音声認識による字幕制作の機能向上、テキストからの音声合成等）その他の技術開発等関係（録画機器の開発等）等があります。
　なお、既存のビジネスの中で研究開発に必要なデータベース等が有償で提供されているような場合等、著作権者等の利益を害すると考えられるような場合には、本規定の対象外とすることにしています。

4) 電子計算機における著作物の利用に伴う複製（47条の8、H21年法改正）

> ★H21年法改正新設
> 著作物は、電子計算機において著作物の複製物を用いて利用する場合又は無線・有線電気通信の送信がされる著作物をその送信を受信して利用する場合には、電子計算機による情報処理の過程において、その情報処理を円滑かつ効率的に行うために必要と認められる限度で、電子計算機の記録媒体に記録することができる（47条の8）。

　コンピュータ利用時に、コンピュータ内部の情報処理の技術的過程において行われる著作物の記録媒体への蓄積は瞬間的・過渡的なものであり、「複製」に該当しないとされています。
　しかし、ウェブサイトを閲覧する際に作成されるブラウザキャッシュなどは、電源を切った後もハードディスクにその情報が残るため「複製」に該当するとの見解もあります。そこで通常のコンピュータ使用を確保するため、このような蓄積行為自体を著作財産権の制限対象としました。

2　著作財産権の制限関連規定

　著作権の制限規定に関連して、複製等された著作物を二次的利用する場合、制限規定により作成された複製物を譲渡する場合、制限規定で定められている目的以外の目的で使用した場合が問題になります。
　また、制限規定により利用された場合には利用された著作物の表示をどうするか問題になります。これらについて、次の規定が定められています。

(1) 翻訳、翻案等による利用 (43、47条の3)

　著作権の制限規定により一定の行為については著作権が及ばないこととなりますが、それだけでは制限規定により利用された著作物について翻訳等をして利用することはできません。そこで、一定の場合には二次的著作物としての利用を認めることとしました。

	対象制限規定（条文）
翻訳、編曲、変形、翻案により利用できる	30条1項、33条1項、34条1項、35条
翻訳により利用できる	31条1項1号、32条、36条、37条1項・2項、39条1項、40条2項、41条、42条
変形または翻案	33条の2第1項
翻訳、変形または翻案	37条3項
翻訳または翻案	37条の2

(2) 制限規定により作成された複製物の譲渡等 (47条の9)

　著作財産権は支分権なので、権利制限により複製することができても、その複製物を譲渡すると、原則として譲渡権の侵害に該当することになります。

　平成11年に譲渡権が創設されたことに伴ってこのような事態が生じるので、複製権の制限規定により複製された著作物は、原則として譲渡により公衆に提供できることにしました。

　ただし、制限規定に複製物の作成目的に限定がある場合には、目的外の譲渡等については譲渡権を制限しないこととしました。

　この結果、目的外の譲渡等を行った場合には、原則として譲渡権の侵害に該当することとなります。

	対象制限規定（条文）
複製権の制限規定の適用を受けて作成された著作物について、譲渡により公衆へ提供できるもの	31条1項（1号のみ）、32条、33条1項、33条の2第1・4項、34条1項、35条1項、36条1項、37条、37条の2（第2号を除く）、39条1項、40条1・2項、41条〜42条の2、46条〜47条の2
上記のうち、条文に定める目的以外の目的のためにする場合は、譲渡により公衆への提供ができないとするもの	31条1項、33条の2第1・4項、35条1項、37条3項、37条の2、41条〜42条の2、47条の2（31条1項、35条1項及び42条における映画の著作物を除く）

（3）出所の明示（48条）

> 著作権の制限規定により著作物を複製又は利用する場合、その態様に応じ合理的と認められる方法及び程度により、出所を明示しなければならない（48条）。

　制限規定に該当すれば著作物を複製等することができますが、その場合でも複製等された著作物の出所を明示しなければなりません。出所明示義務に違反しても、著作権侵害になるわけではありませんが、義務違反としての罰則が定められています。

	対象制限規定（条文）
常に出所を明示しなければならない場合	複製（32条、33条1項、33条の2第1項、37条1項、42条、47条） 利用（34条1項、37条3項、37条の2、39条1項、40条1・2項、47条の2）
出所を明示する慣行があるときに出所を明示しなければならない場合	複製以外（32条） 利用（35条、36条1項、38条1項、41条、46条）

（4）目的外使用等（49条）

　著作財産権の制限規定で一定の使用目的が定められている場合に、目的外の使用を行った場合には著作財産権は制限されないこととなります。すなわち、目的外の使用を行った時点で複製等を行ったものとみなされます。
　その結果、他の制限規定が働かない場合には、複製権等の侵害ということになります。
　例えば、個人的に利用するために複製した著作物を販売した場合には、販売した時点で、30条の適用が外れ、複製したものとみなされます。その結果、他の制限規定が適用されたり、ライセンスを得たりする場合を除き侵害となります。
　また、43条、47条の3により作成された二次的著作物の利用についても、目的外使用については27条の翻訳等を行ったものとみなされます。

	対象者	対象制限規定（条文）
21条の複製を行ったものとみなされる	制限規定の適用を受けて作成された著作物の複製物を目的外で頒布・公衆へ提示した者（49条1項1号）	30条1項、31条1項1号、33条の2第1・4項、35条1項、37条3項、37条の2本文、41条〜42条の2、44条1・2項、47条の2、47条の6
	録音・録画物を保存期間を超えて保存した放送事業者・有線放送事業者（同2号）	44条3項
	プログラムの著作物の複製物、47条の3規定の一時的記録著作物の複製物を頒布・公衆へ提示した者等（同3号）	47条の3第1項 47条の4第1・2項
	プログラムの著作物の複製物、47条の3規定の一時的記録著作物の複製物を保存条件に違反等して保存した者（同4号）	47条の3第2項 47条の4第3項 47条の5第3項
	送信の障害・情報解析による制限規定の適用を受けて作成された著作物の複製物を目的外で利用した者（同5号）	47条の5第1・2項、47条の7
	検索事業者が侵害であることを知った後に制限規定の適用を受けて作成された著作物の複製物を自動公衆送信した者（同6号）	47条の6ただし書
	コンピュータ利用等による制限規定の適用を受けて作成された著作物の複製物を目的外で利用した者（同7号）	47条の8
27条の翻訳、編曲、変形、翻案を行なったものとみなされる	43条の適用を受けて作成された二次的著作物の複製物を目的外で頒布・公衆へ提示した者（49条2項1号）	30条1項、31条1項1号、33条の2第1項、35条1項、37条3項、37条の2本文、41条、42条
	プログラムの著作物を翻案した二次的著作物の複製物を頒布・公衆へ提示した者（同2号）	47条の3第1項
	プログラムの著作物を翻案した二次的著作物の複製物を保存条件に違反して保存した者（同3号）	47条の3第2項
	検索業者が権利制限規定の適用を受けて作成された二次的著作物の複製物を目的外で頒布・公衆へ提示した者（同4号）	47条の6
	検索事業者が侵害であることを知った後に制限規定の適用を受けて作成された二次的著作物の複製物を自動公衆送信した者（同5号）	47条の6ただし書
	情報解析による制限規定の適用を受けて作成された二次的著作物の複製物を目的外で利用した者（同6号）	47条の7

本章のねらい・ポイント

ここまで、著作者人格権と著作財産権よりなる著作者の権利の内容を見てきました。
それでは、権利の保護期間はどのように決められているのでしょうか？ 特許権など産業財産権と異なる著作権法特有の取り決めを押さえておきましょう。また、著作物の活用に関する譲渡、ライセンスや著作権法における登録の意味等について学んでいきます。

第6章 保護期間、契約等

本章の内容

1 著作者人格権の保護期間について
　始期と終期
　著作者の死後における取扱い
2 著作財産権の保護期間について
　始期と終期
　終期の計算方法
　無名・変名、団体名義の場合の基準時点は？
　継続的刊行物の基準時点は？
　著作財産権の消滅による効果とパブリックドメイン
3 著作物の譲渡
　二次的著作物に関する規定がポイントです。
4 利用許諾
5 出版権
　産業財産権における専用実施権（専用使用権）に該当する規定です。
6 裁定による著作物の利用
7 補償金
8 登録について
　著作権法では登録によって権利の効力が発生することはありません。一方、登録によって著作者の実名が特定される等著作権法特有の効果が発生する場合があります。
9 紛争解決あっせん制度

36話　著作財産権の保護期間（1）

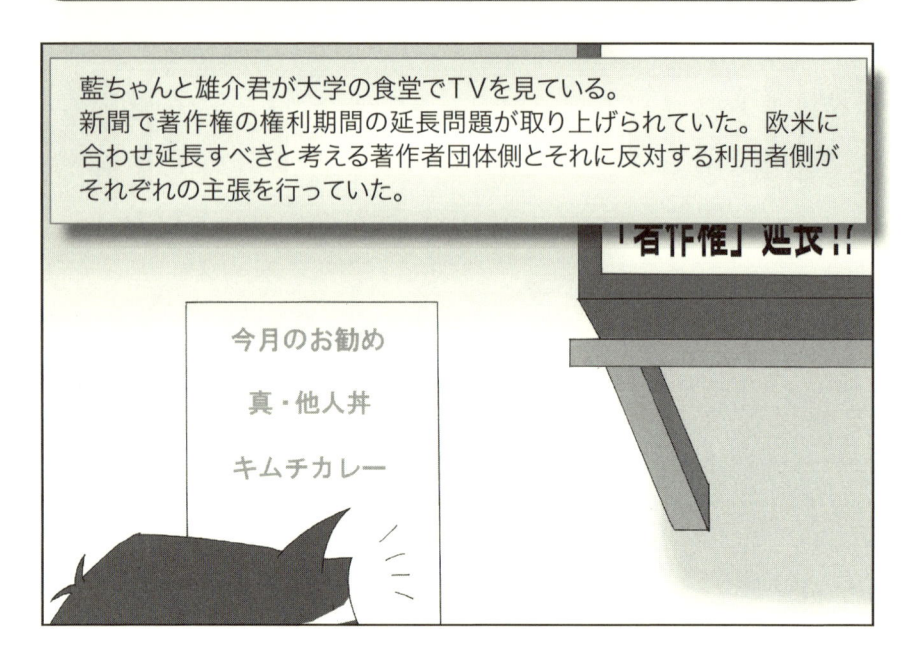

藍ちゃんと雄介君が大学の食堂でTVを見ている。
新聞で著作権の権利期間の延長問題が取り上げられていた。欧米に合わせ延長すべきと考える著作者団体側とそれに反対する利用者側がそれぞれの主張を行っていた。

1
なぁ、著作権の権利期間って何年だったっけ？

2
確か、著作者の死後50年だよ。

さすが。よく知ってるな。

3
ふむ。それじゃ、著作者が今日亡くなったら、今日から50年後に著作権が消滅するんだな。

そうそう。（それでいいんだっけ？）

4
はうわっ。

計算のしかたって、死亡した翌年の1月1日からカウントするんだったんだ！…

ガビン

解　説

　著作財産権の保護期間は、著作者人格権同様に創作時に始まります（51条1項）。
　一方、終期は、著作者人格権が著作者の死亡とともに終了するのに対して、原則として著作者の死後50年で終了します（51条2項）。
　この、終期の具体的計算方法は、死亡した日を基準にするのではなく、死亡した日の翌年の1月1日を基準とするところが特徴です。具体例は184頁の通りです。

　もし、著作者が死亡した時に相続人がいなければ、著作財産権は消滅します。同様に法人が著作財産権を有していて、その法人が解散して承継会社等がない場合にも消滅します。

「翌年からカウントするなんて、ややこしいよ！」
「死亡等の月日に関わらず、一律に計算できるのだから、かえって簡単だよ」
「そう言われればそんな気もする」
「それはそうと、著作者が死亡した時に相続人がいないと、著作財産権が消滅しちゃうんだ。。。何かもったいないな」
「文化の発展に寄与することが著作権法の究極の目的だからね」
「とりあえず、50年ってことと、終期のカウントの仕方だけ覚えとく」

　無名・変名の著作物、団体名義の著作物については著作者の死亡時の特定が困難であること等から、原則的に公表時を基準として終期を計算します。また、映画の著作物についてはすべて公表時を基準とし、終期は公表時から70年となっています。

37話　著作財産権の保護期間（2）

> 解　説

　連載物の著作物の場合、著作者の死亡時を基準とする場合には問題になりませんが、公表時を基準とする場合にはいつが公表時か問題となります。

🧑「もう！　1つ覚えたら、また1つわかんないことが出てくるよ」
👨「ははは。どうしたんだい？」
🧑「連載物の著作物の場合、保護期間の計算ってどうなるの？」
👨「そうだね。著作者が死亡した時はいいけど、公表時となると少し複雑かな」

　原則としては、毎冊、毎号または毎回の公表のつどが公表時とされますが、一部分ずつを逐次公表して完成するものは最終部分の公表の時が公表時と認められます。

　結局、水戸黄門のように1話ごとに完結するものはそのつど、連続ドラマのように全体で1つのストーリーとなるものは最終回の公表時が公表時になります。

38話　パブリックドメイン

雄介君は自分のホームページの中に音楽を組み込もうとしていた。著作権の利用許諾を得るにはお金がかかってしまうので、他に良い方法がないか考えていた。

1
著作権って消滅したらどうなるんだ？
えっと…。

2
パブリックドメインといって、誰でも自由に利用できるようになるの。
なるほど！ただで利用できるんだな。

3
クラシック音楽なら権利期間が過ぎているから問題ないだろ。

4
あ、このオーケストラが演奏してるこの曲がいいな…。これにするか。
ちょっと待った！

解　説

　「パブリックドメイン」とは、保護期間終了その他により著作財産権の効力がなくなった著作物等、誰でも自由に利用できる「公有物」を言います。

　パブリックドメインには、以下のような種類があります。
・著作物でないもの
・権利の対象とならない著作物
・条約等で保護されない外国人の著作物
・著作財産権を放棄した著作物
・保護期間満了の著作物
などなど。

　なお、著作財産権の保護期間が終了しても、他の権利が及んでいる場合には自由に利用できないので注意が必要です。

　例えば、著作隣接権との関係では、クラシック音楽のCDの場合、作曲者の権利は消滅していてもオーケストラやレコード会社の権利が存続している場合があります。

🧑「うーん。パブリックドメインなのに、権利者がいるとは。。。」
👨「著作隣接権とかあるから注意しないといけないね」
🧑「著作隣接権？」
👨「同じクラシック音楽でも、それを演奏するオーケストラによって表現が変わるから、保護すべきと考えられているんだよ」
🧑「著作隣接権についても勉強しなくっちゃね。。。」

　雄介君は、オーケストラやレコード会社の権利を確認しないと、著作隣接権の侵害となってしまいますので注意が必要です。

第6章　保護期間、契約等　177

39話　著作財産権の譲渡

デザイン会社の法務部の三枝氏は、営業部より依頼のあった新人Xのイラストについての著作権譲受け契約を締結しようと考えている。そこで、著作権の契約について六平の事務所に相談に訪れた。

1
先生。著作財産権の譲受け契約を結ぶときの注意点は何ですか？

2
まず、契約の対象をはっきり決めることと譲受ける権利を明確にすることだね。
はい。

3
それから、二次的権利については、それを含むことを明記（特掲）しなければならないんだ。
なるほど…。

4
あと、人格権については不行使特約等の手当てが必要だね。
いろいろありますね…。

解説

　著作財産権は財産権なので、当然のこととして譲渡が認められます。
　また、著作財産権は1つの権利ではなく種々の権利（支分権）の束です。したがって、例えば、複製権のみ譲渡したり、公衆送信権のみ譲渡したり、権利ごとに譲渡できます。

🧑「さて。。。著作財産権の譲渡契約のことでも勉強するか」
👩「うう。。。いよいよ難しそう。。。注意することとか何があるの？」
🧑「まずは著作財産権は支分権と言って、たくさんの権利の束になってるんだ」
👩「ふむふむ。複製権とか公衆送信権だけの譲渡ってできるんだね」
🧑「他にも二次的権利や著作者人格権については注意が必要だね」

　二次的権利（27条（翻訳権等）、28条（二次的著作物の利用に関する原著作者の権利））ももちろん譲渡できますが、注意が必要です。というのは、譲渡目的として（具体的に）特掲されていないときは、譲渡されずに留保されたものと推定されることになるからです。
　したがって、「すべての権利を譲渡する」などの表現では不十分で、二次的権利については、譲渡されなかったものと解釈されてしまいます（61条2項）。
　なお、著作者人格権は譲渡できないので、契約の締結において、人格権の不行使特約がなされることがあります。

　また、著作財産権は他人にライセンスすることもできます。非独占的な利用を認める「利用許諾」と独占的な利用を認める「出版権の設定」が規定されています。

40話　裁定

先生・・・。少しご相談したいことが・・・。
お。三枝君、久しぶり。どうしたんだい？
1
次の商品にこの絵を使いたいんですが・・・。
えらくシュールな絵だね・・・。
2
ところが、作者がフランスに行ったきり
まったく連絡がつかないんですよ・・・。
プルルルルルル
3
先生・・・どうにかなりませんか？
裁定を申請する方法があるよ。
4
どうするんですか？
担保金や、補償金の供託をすることによって、利用が認められるんだよ。

> 解　説

- 「裁定の申請って何ですか？」
- 「原則的に、作者（著作者）と連絡が取れない場合は、勝手にその絵の複製をすることはできないよね？」
- 「侵害になりますからね」
- 「でも、文化的に高い価値を持つ絵を全く鑑賞できなくなるのはもったいないし、日本全体にとってマイナスだよね？」
- 「確かに」
- 「そこで、補償金の供託など、作者の利益を害さない一定の要件を満たした場合には、著作物の利用を認めることにしているんだよ」
- 「なるほど、わかります」
- 「今回、法改正で、文化庁長官の裁定の処分を受ける前でも、裁定の申請をして担保金の供託をすれば、処分があるまでの間も著作物の利用が認められるようになったんだ」
- 「今までより早いタイミングで著作物の利用ができますね」
- 「それから、裁定の対象を拡大して、著作隣接権についても適用することとしたんだよ」
- 「どうしてですか？」
- 「映画の場合などでは、出演者（実演家）が多くて、中には連絡が取れなくなる人もいるからね」
- 「そういえばそうですね。古い映画の再利用などに有効ですね」

1　著作者人格権の保護期間

(1) 始期

著作者人格権は著作物の完成時（創作時）に発生します。特に何の手続をする必要もありません。

(2) 終期

著作者人格権は著作者の死亡とともに消滅します。著作者人格権が一身専属性を有する（その人限りの）人格的利益を保護するという趣旨によるものと言えます（59条）。

(3) 著作者の死後は？

著作者の死後は、著作者人格権は働きません。ただし、死後の著作物の取扱いについても一定の制限が設けられています。著作物が国の文化的な所産であることによるものです。

> 「著作者が存しなくなった後でも、著作物を公衆に提供・提示する者は、その著作者が存しているとしたならば著作者人格権の侵害となる行為をしてはならない」旨が規定されています。ただし、「その行為の性質及び程度、社会的事情の変動その他によりその行為が著作者の意を害しないと認められる場合は、この限りではない」となっています。（60条）

> **要点・用語**　**死後の人格権保護**
>
> 本人はもはや保護を求めることができないので、その遺族が差止め請求等の行為をすることができることになっています（116条）。詳細は「侵害と救済」（248頁）で説明します。

2 著作財産権の保護期間(51〜58条)

(1) 著作財産権の終期

共同著作物の場合は、最後に死亡した著作者の死後50年で終了します。

(2) 著作財産権の終期の計算方法の具体例

下図では、著作者である甲が1990年2月1日にA作品を創作し、1995年7月1日にB作品を創作し、2010年8月8日に死亡しています。

この場合、始期はA作品については1990年2月1日、B作品については1995年7月1日になります。また、終期はA作品、B作品ともに死亡した年の翌年である2011年1月1日から50年後の2060年12月31日になります。

この結果、通算保護期間はA作品は70年11カ月、B作品は65年6カ月ということになります。

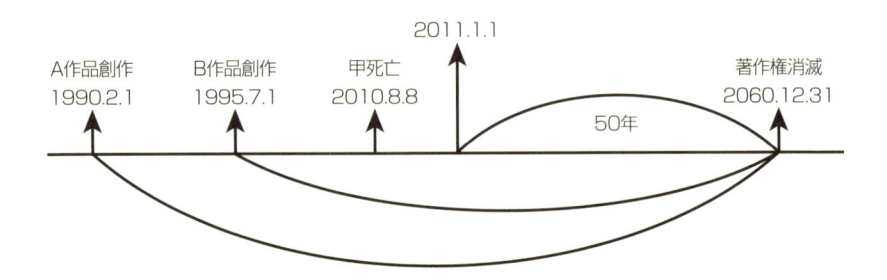

（3）無名・変名、団体名義、映画の著作物の場合の終期

　原則として、著作者の死亡時を基準とせず、公表時からカウントします。無名・変名の著作物では著作者の死亡時期が把握できませんし、団体名義の場合は団体の死亡ということがないからです。映画も同様ですが、映画の場合には保護期間が長くなっています。具体的には以下のようになっています。

	終　期
無名・変名の著作物	公表時から50年（ただしその前に死後50年を経過していると認められる場合は、死後50年経過時）（52条）
団体名義の著作物	公表時から50年（創作後50年以内に公表されなかったときは、創作後50年経過時）（53条）
映画の著作物	公表時から70年（創作後70年以内に公表されなかったときは、創作後70年経過時）（54条）

> **裁判例** **ローマの休日事件**
> （シェーン事件についての最高裁H19.12.18判決で合わせて決着）

　2003年の法改正で、映画の著作物の著作財産権の終期が、公表から70年（従来は50年）に延びました。このときに、保護期間延長の対象は、2004年の1月1日現在存続しているものとされたのですが、1953年公表の映画「ローマの休日」が保護期間延長の対象となるか否かで争われました。

　「ローマの休日」に係る著作財産権の終期である2003年の12月31日の24時は2004年の1月1日の0時と同時刻なので、保護期間延長の対象となるとの見解があったからです。

　裁判所は、「2003年の12月31日と2004年の1月1日は別の日である等の理由により、1953年公表の映画の著作物の著作財産権は2003年12月31日をもって消滅した」と判断しました。

（4）連載ものの場合の計算方法

> 公表のときとは、原則としては、毎冊、毎号又は毎回の公表の時によるものとされるが、一部分ずつを逐次公表して完成するものは、最終部分の公表の時と認められる（56条1項）。ただし、継続すべき部分が直近の公表の時から3年を経過しても公表されないときは、すでに公表されたもののうちの最終の部分をもって前項の最終部分とみなす（同2項）。

> **要点・用語** 　**長期間連載が中断した逐次公表著作物について**
>
> 　逐次公表著作物において、連載が何らかの事情で長期間中断している場合には、公表の時期は無制限にずれ込むのでしょうか？
> 　3年以上中断している場合には、中断前に公表されたもののうちの最終の部分をもって逐次公表著作物全体の最終部分とみなします（56条2項）。

シリーズ物の作品の公表時期はいつになるだろうか？

> **裁判例**　**漫画ポパイの保護期間（ポパイネクタイ事件、最H9.7.17）**
>
> 　漫画（美術の著作物）の保護期間について、裁判所は「後続の漫画の保護期間は最初の漫画に加えられた創作部分についてのみその公表時からカウントされ、最初の漫画に新たな創作性が加えられていない後続の漫画については、最初の公表時からカウントされる」と判断しました。

第6章　保護期間、契約等　187

(5) 保護期間終了の効果

　保護期間終了後は著作財産権は消滅し、著作物はパブリックドメイン（公有物）として原則的に誰でも自由に利用できるようになります。また、保護期間内であっても、相続人が存在しない状態となった場合や法人が解散した場合には、著作財産権は消滅します。相続人が存在しない場合民法では国庫帰属とされていますが、その例外として消滅することと規定されているからです（62条）。

要点・用語　パブリックドメインに関する諸問題

1）著作財産権は放棄できるか？
　著作権法には特許法のような権利放棄の明文規定はありません。これに対して、財産権である以上財産の処分として放棄できるものとの説が有力です。

2）著作者人格権は放棄できるか？
　著作権法には明文の規定はありませんが、著作財産権と異なり人格的利益を保護するものなので、財産を処分するような権利放棄はできないとの考えが有力です。このことから、著作権譲渡契約に規定する「著作者人格権不行使特約」の有効性を疑問視する考えもあります。なお、著作者の死後の人格的利益の保護については、60条に規定されています。

3）利用権者が存する場合にも著作財産権を放棄できるか？
　特許法等の場合には、特許権等の放棄をするには一定の実施権者の承諾を必要としますが、著作権法にはこのような規定がないので問題となります。

4）オープンソースなどインターネット上の自由利用の範囲は？

　自由利用を認めるプログラムは多数ありますが、その利用の範囲については明確でない場合があります。改変してもいいのか、自由利用できるプログラムを基礎として二次的著作物を創作した場合の権利関係、特許権との抵触等が問題となります。

5）相互主義との関係

　国により保護期間が異なる結果、同じ著作物がある国で保護され他の国では保護されないケースが生じます。例えば著作財産権の終期を著作者の死後30年としている国があった場合、日本人甲の作品（著作物）は日本では死後50年間保護されるのに、その国では30年間しか保護されないこととなります。逆に米国人や英国人の作品は自国では死後70年間保護されるのに日本では50年間しか保護されないこととなります。

3　著作財産権の譲渡（61、65条）

共有著作財産権について

> 共同著作物等共有著作権については、他の共有者の同意を得なければ、持分の譲渡や質権の目的とすることができない（65条1項）。ただし、各共有者は正当な理由がなければ同意を拒んではならない（同3項）。

　共有著作財産権の譲渡、質権についてはこのような制限があります。また、

共有者の代表を定めて権利行使することができる点およびその場合には代表権の制限は善意の第三者に対抗できない点は、著作者人格権の場合と同様です（65条4項）。

4　利用許諾（63条）

> 著作権者は、著作物の利用を許諾することができる（63条1項）。許諾を得た者は許諾に係る利用方法と条件の範囲で利用できる（同2項）。

譲渡と同様に権利ごとに許諾することもできます。
この権利の性質は、産業財産権の通常実施権と同様の非排他的権利です。

> 利用許諾の権利は、著作権者の承諾を得なければ、他人に譲渡することができない（63条3項）。
>
> 共有著作権については、譲渡の場合と同様に、全員の合意がなければ行使できない（65条2項）。
> 各共有者は、正当な理由がない限り、同意を拒み、又は合意の成立を妨げることができない（同3項）。

ここで言う「行使」は出版権の設定、利用許諾等積極的活用のことをいうと解されています。差止め請求や損害賠償請求等を意味しません。代表者を定めた場合については、譲渡の場合と同様です。

5　出版権（79〜88条）

出版権について

1) 出版権とは、複製権のうちの印刷・出版に関する独占排他的権利を言います。複製権全体に対する権利ではなく、文書または図画として出版することのできる複製権の一部分に対する権利です。したがって、複製権であっても録音や録画は出版権には含まれません。
出版権を設定できるのは複製権者です。出版権は複製権の一部についての権利なので、著作財産権全部を有していなくても複製権のみ有していれば出版権を設定できるのです。

2) 出版権は、著作物を原作のまま複製する権利なので、翻訳等の二次的著作物を創作する権利は認められません。

3) 出版権の排他的権利という性質は、産業財産権における専用実施権と同様です。したがって、侵害行為に対して差止め請求や損害賠償請求ができます。
一方、専用実施権とは以下の相違点があります。
①登録は効力発生要件ではなく、第三者対抗要件です（88条1項1号）。
②出版権者は、他人に対し、その権利の対象著作物について複製を許諾することができません（80条3項）。

③出版権を他人に譲渡、または質権の目的とすることができるのは、複製権者の承諾を得た場合に限られています（87条）。

4）出版権が設定された場合は、複製権者（著作権者）は設定範囲において複製することはできません。一方、出版権者は原則として出版の義務を負います（81条）。

6　裁定による著作物の利用（67～70条）

裁定による著作物の利用について

　著作物を利用したい場合に著作権者が不明等の理由で交渉が進まない場合があります。著作権法では、次の3ケースについて、著作権者の許諾を受けなくても文化庁長官の裁定によって著作物を利用できることを定めています。

> 1）著作権者不明等の場合
> 　公表された著作物等が相当の努力を払っても著作権者と連絡することができない<u>場合として政令で定める</u>（下線部H21年法改正）とき（67条1項）
>
> 2）放送事業者による放送
> 　公表された著作物を放送しようとして、著作権者とその協議が不成立又は協議できないとき（68条）
>
> 3）一定期間経過後の商業用レコードを基に他の商業用レコードを製作しようとして著作権者と協議が不成立又は協議できないとき（69条）

以上の場合であって、文化庁長官の裁定を受けた場合には、文化庁長官が定める補償金を支払った上でその著作物を利用することができます。なお、1)の場合は、補償金を供託しなければなりません。相手と連絡が取れない状態なので、支払うことが困難だからです。

> ★H21年法改正新設
> 67条1項の裁定を受けようとする者は、著作物の利用方法等を記載した申請書に、著作権者と連絡することができないことを疎明する資料等政令で定める資料を文化庁長官に提出しなければならない（同2項）。

裁定申請中の著作物の利用

> ★H21年法改正新設
> 67条1項の裁定の申請をした者は、文化庁長官が定める額の担保金を供託した場合には、裁定又は裁定をしない処分を受けるまでの間（裁定又は裁定をしない処分を受けるまでの間に著作権者と連絡をすることができるに至ったときは、当該連絡をすることができるに至った時までの間）、申請に係る利用方法と同一の方法で著作物を利用できる。ただし、著作者が利用を廃絶しようとしていることが明らかな場合は除外される（67条の2第1項）。以下省略。

　コンテンツの流通促進の観点から、権利者不明の場合の著作物等の利用を円滑化するための措置を強化しました。権利者の捜索について相当の努力を払っても、権利者と連絡することができない場合には、裁定の申請を行い、所定の担保金を支払った上で著作物を利用できることとしました。この担保金は、処分を受けた際の補償金として引き当てられ、残額があれば申請中利用者が残額について取り戻す権利を有することになります（67条の2第3、4、5項）。

7　補償金等（71～74条）

補償金について

　著作権者の許諾なく著作物を利用できる場合に、補償金の支払が必要な場合があります。
　補償金の額は文化庁長官が定めますが、その際に「文化審議会」に諮問しなければならないこととなっています（71条）。

（1）補償金の支払が必要なケース

①著作権の制限規定関連
　・著作物を教科書等に掲載する場合（33条2項、4項）
　・営利目的で教科用拡大図書等を作成する場合（33条の2第2項）
　・学校教育番組の放送等（34条2項）
　・営利目的の試験問題の複製（36条2項）
　・非営利の政令で定める施設における映画の著作物の複製物の貸与（38条5項）
②裁定により著作物を利用する場合
　・著作権者不明等の場合（67条1項）
　・放送事業者が許諾につき協議不成立等の場合（68条1項）
　・一定期間経過後の商業用レコードを基に他の商業用レコードを製作しようとする者が許諾につき協議不成立等の場合（69条）

（2）不服申立て

①裁定による補償金の額に不服がある当事者は、相手方を被告として訴えを提起することができる（72条）。
②裁定そのものの妥当性に不服がある場合には、文化庁長官に対する異議申立

てをすることができる。また、相手方が不明等の場合（67条1項）で訴えが提起できない場合に限って、対価の額の不服について文化庁長官に対する異議申立てをすることができる（73条）。

（3）補償金の供託

　67条1項（著作権者不明等）以外の場合で、以下の場合には補償金を支払う代わりに、供託しなければならない（74条1項各号）。
①著作権者が補償金の受領を拒むか、受領できない場合（同1号）
②過失なく著作権者を確知することができない場合（同2号）
③補償金の額について訴えを提起している場合（同3号）
④当該著作権について質権が設定されている場合。ただし質権を有する者の承諾を得た場合は除かれる（同4号）。

8　登録（75～78条の2）

　著作権は何の手続きもせずに発生するので、権利発生のために登録は必要ありません（無方式主義）。譲渡等の移転の場合も効力を発生させるために登録は必要ありません。
　ただし著作権者であることを明確にする場合や、移転等の場合の第三者対抗要件として登録の意義があります。著作権法では著作物の登録について、以下のケース（別表）を規定しています。

Aに譲渡　Bに譲渡

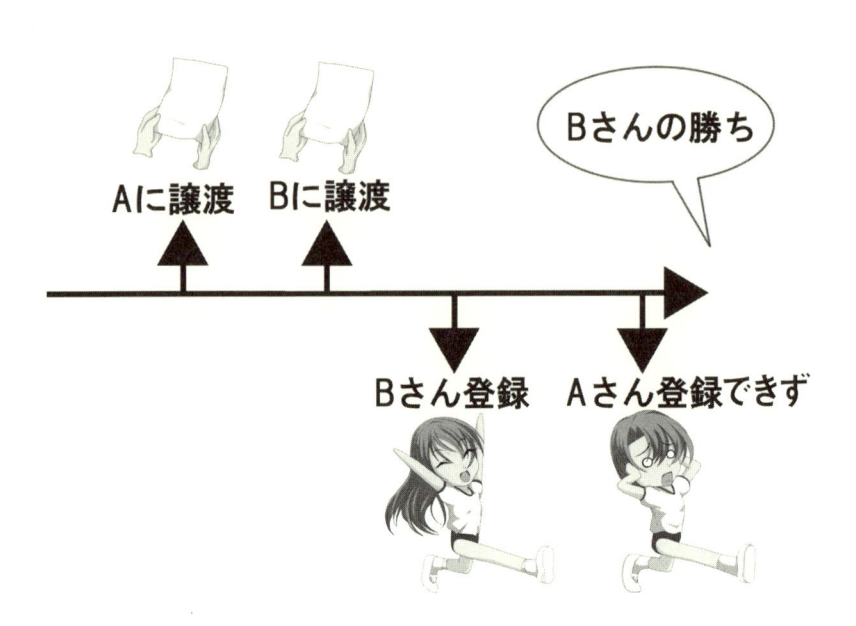

Bさんの勝ち

Bさん登録　Aさん登録できず

登録の内容（条文）	登録できる者	登録対象の著作物	登録の効果
著作者の実名（75条）	著作者 遺言で指定された者	無名・変名の著作物	著作者と推定。保護期間の終期が「公表後50年」から「著作者の死後50年」になる。
第1発行年月日又は第1公表年月日（76条）	著作権者又は無名・変名の著作物の発行者	著作物 無名・変名の著作物	登録年月日に最初の発行又は公表があったと推定
創作年月日（76条の2）	著作者	プログラムの著作物（創作後6月以内に限る）	登録年月日に創作があったと推定
著作権の移転・信託による変更・処分の制限（77条1号）	当事者	著作物	第三者対抗
質権の設定・移転・変更・消滅・処分の制限（77条2号）	当事者	著作物	第三者対抗

> **要点・用語** **第三者対抗要件とは**

　例えば、甲が乙に著作物Aの譲渡契約をし、その後丙に対して同じ著作物Aの譲渡契約をした場合、つまり二重に譲渡契約を行った場合は、著作物Aは乙と丙のどちらに帰属することになるでしょうか？
　乙と丙はお互いには何の契約も交わしていない第三者の関係になりますが、この第三者に対する法律的効力を「（第三者）対抗力」と言います。
　著作権の譲渡の場合は、乙か丙のうち著作権の登録を行った者が他の者に対して対抗力を持つ、つまり登録を行った者のみが著作権者になれることになります。甲との契約時期の先後は関係ないのです。
　このように、対抗力を持つ条件を「第三者対抗要件」といいます。著作権の譲渡の場合は、登録が第三者対抗要件になるというわけです。なお、二重譲渡を行った甲は、当然ながら、登録できなかった他方の者に対して債務不履行の責任を負います。

9　紛争解決あっせん制度（105〜111条）

　文化庁長官は、著作権等の権利について紛争が生じ、当事者からあっせんの申請があった場合には著作権紛争解決あっせん委員にあっせんさせる旨規定されています（105条）。

腕だめしクイズ　こんな場合は？　episode C

学生Aは、就職ではなく自分で新しい事業を行おうと検討をしていた。

Aの友人Bは、Aを訪問してきて、パブリックドメインの話を始めた。

Bによれば、パブリックドメインとは、著作財産権の権利保護期間がすでに経過してしまった著作物で、誰でも無償で許諾なしにその著作物を利用できることのようである。Bは「ジェネリック医薬品みたいなものさ」と言いながら、「これこそが開発リスクの少ない新規事業のネタだよ」とAに提案した。

この提案に心を動かされたAは、以前の著作権法をチェックした。映画の著作物は「公表後50年」まで保護があると記されていた。「公表から50年経過していたらパブリックドメインということか」とすぐに理解できたAは格安DVD事業を立ち上げることにした。Aは、さっそく日本の有名監督（1998年死亡）のある映画についてDVDを大量に作り、量販店に持ち込んで事業を開始した。この映画は昭和24年の公表なので、平成11年12月31日で、権利が消滅し、パブリックドメインとなっているとの判断からである。DVD販売事業は順調に推移するかに見えた。

ところが、後日、Aは映画会社から内容証明付きの警告書を受け取ることになる。映画会社によれば、AがDVDにした映画の著作財産権は、いまだ消滅していないとの指摘であった。

※この事例は、フィクションです。実際の判例とは無関係に創作したものです。

あなたがもし、このような事件に遭遇したら、どのように対処しますか？
予想してみてください。

《予想》
1. 私は、当時の著作権法でチェックしたから、「当方に落ち度なし」と回答。
2. 専門家に相談する。
3. その他（　　　　　　　　　　　　　　　　　　　　　）

本章のねらい・ポイント

著作権法では著作者の権利と並んで著作隣接権という権利を定めています。著作隣接権には隣接する権利全体を包含する広義の意味と財産権を指す狭義の意味とがあります。
本章では、著作隣接権の性質の特徴や定められている権利の内容について理解を深めましょう。

第7章 著作隣接権

本章の内容

1 著作隣接権とは？
　著作隣接権がなぜ認められているのか、著作者の権利とどのように相違するのか等
　なお、著作隣接権には以下の2〜5の4種類があります。
2 実演家の権利について
　著作隣接権を有する者は実演家を含めて四者がありますが、人格権を有するのは実演家のみです。
3 レコード製作者の権利について
4 放送事業者の権利について
5 有線放送事業者の権利について
6 著作隣接権の保護期間
7 裁定
8 著作隣接権の制限譲渡、行使等、登録

41話　著作隣接権

藍ちゃんと雄介君はコンサートに行った。人気歌手なので、抽選に何度も応募してやっと当たったのだった。会場は熱気に包まれていた。

1
あの人、歌もいいし、トークも上手ね～。
トークがうまくないとちょっと飽きるしね。

2
歌手は実演家として実演家の権利という著作隣接権を持つのよ。
そうなんだ。やるじゃん。だいぶ勉強してるな。

3
でもさ…。曲を作るのは作詞家、作曲家なのに、どうして歌手が権利を持つんだ？
うぐっ。

4
あ、ほら、歌手だけじゃないのは不公平だからだよ。
さっぱりわからん…。

> ## 解　説

- 「いよいよ、著作隣接権です」
- 「著作隣接権は著作物を伝達する者に与えられる権利なんだ」
- 「音楽とか演奏者によってイメージが変わるもんね」
- 「そうなんだ。演奏者の創意工夫に対して、著作財産権に準じた保護を与えるのが著作隣接権制度なんだよ」
- 「著作隣接権制度で保護されるのはどういう人たちなの？」

　「著作隣接権」は英語のneighbouring rightの和訳で、著作権に隣接した権利の意味です。「著作物」を伝達する者に与えられる権利と言うこともできます。
　自ら著作物を創作したわけではなく、伝達する者になぜ権利が与えられるのでしょうか？
　例えば歌手は著作物である「楽曲」を歌って公衆に伝えますが、歌手の創意工夫などにより、同じ楽曲でもその与える効果が大きく変わることは明らかです。このように、著作物の創作活動に準じるある種の創作活動に対し著作権に準じた保護を与えるのが著作隣接権制度と言えます。

42話　実演

藍ちゃんとハナちゃんはテレビでフィギュアスケートの世界大会を見ていた。

1
すごい！トリプルアクセル決まった！

2
次の日。
今日はアイスショーの中継です。
ライトがきれいね～。

3
フィギュアと著作権って関係あるの？
それがね…。

4
アイスショーは実演だけど、フィギュア競技は違うんだって。
なんで違うんだろ？

解　説

- 「アイスショーとフィギュアの違いって何？」
- 「フィギュアスケートはオリンピック等の大会で優勝を争う競技としてのスポーツと言えるんだけど、アイスショーは見る人を魅了するような芸能的性質があるんだ。だからアイスショーは保護され得るんだよ」
- 「アイスショーは魅せるスケートだもんね!!」
- 「著作物じゃなくても、芸能的性質を有するものを演じたり踊ったりした場合には、実演家として権利が与えられるんだ」
- 「実演家って言うと??」

　実演家とは、俳優、舞踊家、演奏家、歌手や指揮者、演出家等を言います。映画監督は著作者に該当するので実演家には該当しないと考えられます。実演家はプロに限定されず、著作物を、演劇的に演じ、舞い、演奏し、歌い、口演し、朗詠する者等はすべて実演家です（2条）。

　上記のように、著作物を対象としなくても、芸能的性質を有するものを演じたり舞ったりした場合には、それも実演と認められます。一方、世界大会やオリンピックにおけるフィギュアスケートなどでは優勝を争う競技として行っており、芸能的性質を有しているとは言えないので、実演とは認められないのです。

　実演家の権利としては、人格権として、氏名表示権と同一性保持権、財産権として録音・録画権、放送権・有線放送権、送信可能化権、譲渡権、貸与権があり、さらに期間経過後の貸しレコード、商業用レコードの二次使用、放送の同時再送信についての報酬請求権があります。

43話　ワンチャンス主義

藍ちゃんは街で偶然佳之先輩に会った。

1
佳之先輩〜〜
お。藍ちゃん。久しぶり。

2
例の映画が好評で、今度DVDになるんだ。
わぉ。すごいですねっ。

3
じゃあ、あの主人公の人、また出演料もらえるんですね。
危険は俺の相棒さ！
いや。

4
ワンチャンス主義だからね。
？

解　説

- 「ワンチャンス主義って何⁉」
- 「例えば、映画俳優が映画出演を承諾した場合、最初の映画出演に対しては権利が認められるんだけど、その後DVDにする場合等に対しては、その権利が及ばないんだ」
- 「ええー。せっかく演技したのに、映画出演だけしか権利ないってかわいそう。。」
- 「確かにそうなんだけど、映画には多くの実演家が出演してるからね。DVD化する際にすべての俳優たちの許諾が必要となると、映画の著作物の円滑な流通に支障をきたすと考えられてるんだ」
- 「著作権法の目的は、文化の発展に寄与することだもんね。しかたないのかな」

44話　レコード製作者の権利

暑い夏が終わり、庭でコオロギが鳴いている。藍ちゃんはそれを録音した。

リーーーン
リーーーン

1
上手く録音できてる♪
リーーン
リーーン

2
あ、お父さん。
藍もレコード製作者の権利を持ったね。
リーーン

3
ただ虫の声を録音しただけなのに？
それでもOKなんだよ。
あ。

4
そうなんだ。
音を最初に固定すればいいんだ。著作物でなくてもね。

208

解　説

- 「今度はレコード製作者？　何それ？」
- 「レコード製作者というのは、レコードに固定されている音を最初に固定した者のことを言うんだ」
- 「レコードなんて持ってないよ」
- 「この場合、音を録音した物のことを「レコード」と言うと考えたら良いんだよ」
- 「へー。それじゃ、CDやMDなんかも？」
- 「レコードに含まれるよ」
- 「そっか。何かに録音すれば良いんだね！」

　「レコード製作者」というのは、「レコードに固定されている音を最初に固定した者」（2条1項6号）を言い、「レコード」とは、「蓄音機用音盤、録音テープその他の物に音を固定したもの（音をもっぱら影像とともに再生することを目的とするものを除く）」をいいます（2条1項5号）。
　つまり、レコード製作者とはレコード会社ばかりでなく、個人が最初にテープ等に音を吹き込んだ場合にはその個人がレコード製作者ということになります。レコードにはいわゆるレコードの他CD、MD、テープ等も含まれます。

　また、レコードの定義には著作物であることという限定はないので、例えば小鳥の声をテープに吹き込んでもその者はレコード製作者になります。ですから、藍ちゃんも立派に「レコード製作者」ということになります。

　レコード製作者には複製権、送信可能化権、譲渡権、貸与権があり、さらに実演家同様に期間経過後の貸しレコード、商業用レコードの二次使用、放送の同時再送信についての報酬請求権があります。

45話　放送事業者の権利

(コマ大)
佳之せんぱ〜〜〜い。

1
どこか行くんですか？
2週間ほどフランスにね。

2
でも、それじゃあ あのドラマの最終回見れないんですね……。
ああ。それなら大丈夫。

3
向こうでも日本のテレビが見れるんだよ。

4
インターネットで番組を転送するサービスがあるんだ。
へ〜便利ですね。

解　説

- 「インターネットでテレビ番組を転送しても問題ないの？」
- 「なかなか微妙なところがあるんだよ」
- 「まず、放送局は放送した内容について、複製権、送信可能化権などの権利を持つんだよ」
- 「それじゃ、テレビ番組を転送するのは全然ダメなの？」
- 「自分自身で転送して、自分だけで楽しむのなら権利の制限などが適用されてOKになるんだ。でも、転送サービス会社などが中心になって行う場合は認められないことも多いね」
- 「………」

　テレビ局、ラジオ局などの放送事業者は、その放送について、複製権、再放送権、有線放送権、送信可能化権、テレビジョン放送の伝達権を持ちます。放送の内容が著作物に該当している必要はありません。

　テレビパソコンで番組を録画し、録画したものを転送する行為は、放送の複製と送信可能化に該当します。

　しかし、自分自身で楽しむために録画することは私的使用に該当し、転送先が自分自身なら送信可能化とは言えません。その範囲で転送することは認められるのです。

　ただ、録画や転送を専門業者に任せる場合は問題となります。自分自身が行った行為と言えるか否かの判断がポイントになります。

1 著作隣接権全般

　現在、著作隣接権制度では「実演家」「レコード製作者」「放送事業者」「有線放送事業者」を保護しています（89条～100条の5）。
　著作隣接権の規定の中には、実演家人格権、財産権（狭義の「著作隣接権」）、報酬請求権（二次的使用料等）の規定が含まれています。
　なお著作隣接権として保護を受けるためには著作権と同様に何らの手続きも要せず（無方式主義、89条5項）、著作者の権利と著作隣接権とはそれぞれ別個の独立した権利です（90条）。また、著作隣接権は著作物を伝達する権利と言いましたが、その対象は必ずしも著作物に限られないことに注意してください。

2 実演家の権利について（90条の2～95条の3）

A 保護を受ける実演（7条）

> 以下の実演が保護されます。
> a．国内において行なわれる実演（7条1号）
> b．保護を受けるレコード（8条1、2号）に固定された実演
> c．保護を受ける放送（9条1、2号）で送信される実演
> d．保護を受ける有線放送（9条の2）で送信される実演
> e．「実演家等保護条約」、「実演及びレコードに関する世界知的所有権機関条約」、「TRIPS協定」によりわが国が保護の義務を負う実演

著作物の場合と異なり、「国籍主義」は規定されていません。

B　実演家の権利（90条の2～95条の3）

前述の通り、実演家にのみ人格権が認められています。平成14年法改正で加えられたものです。以下、実演等の定義、保護を受ける実演、各々の権利の内容について説明します。

(1) 実演

> (「実演」とは) 著作物を、演劇的に演じ、舞い、演奏し、歌い、口演し、朗詠し、又はその他の方法により演ずること（これらに類する行為で、著作物を演じないが芸能的な性質を有するものを含む。）をいう（2条1項3号）。

(2) 実演家

> (「実演家」とは) 俳優、舞踊家、演奏家、歌手その他実演を行なう者及び実演を指揮し、又は演出する者をいう（2条1項4号）。

著作物を直接演じる俳優等の他、舞台演出家や指揮者等も実演家に含まれます。また、俳優等と言ってもプロの俳優という職業を意味するのではなく、その行為により判断します。したがって、素人でも実演を行えば実演家となる一方、プロの俳優でも体操の競技に参加した場合には実演と認められないこととなります。

(3) 実演家人格権

実演家人格権には、氏名表示権と同一性保持権があります。著作者人格権と

比較すると「公表権」がありません。実演は公表が前提となって成立するのが通常だからです。また、実演家人格権の一身専属性（101条の2）、実演家の死後における人格的利益の保護（101条の3）は著作者人格権と同様の規定です。

①氏名表示権（90条の2）

> 実演家は、その実演の公衆への提供又は提示に際し、その氏名若しくはその芸名その他氏名に代えて用いられるものを実演家名として表示し、又は実演家名を表示しないこととする権利を有する（90条の2第1項）。

著作者人格権と同様の規定です。「実演家名の表示」の省略等についても同様の規定ぶりです（90条の2第2、3、4項）。

②同一性保持権（90条の3）

> 実演家は、その実演の同一性を保持する権利を有し、自己の名誉又は声望を害するその実演の変更、切除その他の改変を受けないものとする（90条の3第1項）。

著作者人格権と同趣旨の規定ですが、「自己の名誉又は声望を害する」改変が対象となっているところが相違していて、著作者の場合と比べると客観的な規定ぶりとなっています。

同一性保持権の制限についても、著作者人格権と同様に「前項の規定は、実演の性質並びにその利用の目的及び態様に照らしやむを得ないと認められる改変又は公正な慣行に反しないと認められる改変については、適用しない」（90条の3第2項）と規定しています。

（4）実演家財産権等

実演家は以下の財産権を有します。

①録音権及び録画権(91条)

> 実演家は、その実演を録音し、又は録画する権利を専有する(91条1項)。前項の規定は、同項に規定する権利を有する者の許諾を得て映画の著作物において録音され、又は録画された実演については、これを録音物(音を専ら影像とともに再生することを目的とするものを除く。)に録音する場合を除き、適用しない(同2項)。

と規定されています。

「録音・録画」には、生実演を録音・録画することの他に録音・録画されたCD等固定物からダビングすることも含まれます。

ここでは以下の留意点があります。

i. 1つは、実演家の権利はその実演自体の権利であり、**他人が行う行為に対してはいくらそっくりでも権利が及ばない**ということです。ですので、有名歌手の物まねをしても著作権法上の権利侵害にはなりません。

ii. もう1つは、**複製権ではなく録音・録画権**としたので、実演を写真に撮ったり、スケッチすることには権利が及ばないことです。コンサート会場で歌手を写真に撮ってファンに販売したとしても実演家の権利を侵害することにはなりません(ただし、肖像権の問題になります)。

ⅲ. また、2項では、1項の例外として実演が録音・録画された映画の著作物を映画として利用する場合には本規定が働かないことが規定されています。これが、「ワンチャンス主義」と言われるものです。

ワンチャンス主義の適用については、「録音物（音を専ら影像とともに再生することを目的とするものを除く。）に録音する場合を除き」とあります。

・「録音物に録音する場合を除き」とは、映画の著作物の中に含まれている音楽を、サウンドトラック盤のように音のみを抜き出してＣＤに収録するような場合には、ワンチャンス主義は働かず、実演家の権利が及ぶことを意味します。

・また、「音を専ら影像とともに再生することを目的とするものを除く」とは、影像を伴わない録音物を作成しても、それを映画としての利用の中で用いるような場合には、やはりワンチャンス主義が働くことを意味します。

②放送権・有線放送権等（92条、93条、94条）

> 実演家は、その実演を放送し、又は有線放送する権利を専有する（92条1項）。

実演家の権利には「上演・演奏権」がありません。これは実演家が生出演する場合であれば、契約で足りるからです。

一方、放送や有線放送は実演家の意思に反して行われる可能性があるので、保護することとされています。

> 前項の規定は、次に掲げる場合には、適用しない（92条2項）。
> ・放送される実演を有線放送する場合（同1号）
> ・実演家等の許諾を得て録音・録画されている実演を放送・有線放送する場合（同2号イ）
> ・実演家等の許諾を得て映画の著作物に録音・録画された実演で、録音物（音を専ら影像とともに再生することを目的とするものを除く。）以外の物に録音・録画されている実演を放送・有線放送する場合（同2号ロ）

　1号は、難視聴地域への同時再送信を想定したものです。

　2号イでは、実演家の許諾を得て録音・録画されている実演を放送・有線放送する場合には実演家の放送権等は制限されることを規定しています（言い換えると、実演の録音物・録画物が実演家の許諾を得ていなければ実演家の権利は制限されないことを意味します）。2号イのケースとしては、音楽CDをテレビで放送する場合等が該当します。

　2号ロでは、実演家の許諾を得て映画に収録された実演を、録音物以外の録音物・録画物を用いて放送・有線放送する場合には実演家の放送権等は制限されることを規定しています（2号イ同様に、許諾を得ずに映画に収録された実演については、実演家の権利は制限されないことを意味します）。2号ロのケースとしては、映画をテレビで放映する場合が該当します。

　なお、「録音物以外」としているのは、サントラ盤レコードのように（映画と切り離されたレコード等、音のみの）録音物については、実演家の許諾を得て映画に収録された実演であっても権利が制限されず、実演家の放送権等が働くことを意味します。

　「音を専ら影像とともに再生することを目的とするものを除く。」は、前条と同様の意味です。

> 実演の放送について許諾を受けた場合、放送事業者は原則として、放送のために録音・録画することが認められる（93条1項）。

生放送以外では実演をいったん録音・録画してから放送しますが、その場合、放送することの許諾と別個に録音・録画の許諾を得るのは不便だからです。録音・録画したものを、勝手に別の番組に転用したり、又貸ししたりすることはできませんが、再放送やネットワーク系列での放送は認められています。

> 実演家等が放送を許諾したときは、放送事業者は原則として、対象となった放送以外に再放送したり、ネット局で放送したりすることができる（リピート放送、テープネット放送、マイクロネット放送）（94条1項）。この場合、相当額の報酬を支払わなければならない（94条2項）。

要点・用語　放送番組は二次利用がしにくい!?

　放送事業者は実演家等に放送することの許諾を得れば、原則として録音・録画が認められます（93条1項）。さらに、放送事業者は放送できる実演を自己の放送のための技術的手段として一時的に固定する旨も規定されています（102条1項で準用する44条1項）。これらの規定により、放送に際しては特に録音・録画についての許諾を得ていない場合が多いとされています。その場合は、テレビドラマが映画の著作物であっても、実演家は録音・録画の許諾をしていないので、ワンチャンス主義は働かないことになります。その結果、放送番組をビデオ化する際には俳優等の許諾が改めて必要となります。このため、放送番組は劇場映画に比べて二次利用がしにくいと言われています。

③送信可能化権・補償金（92条の２、102条６項）

> 実演家は、その実演を送信可能化する権利を専有する（92条の２第１項）。

　実演家は自動公衆送信（インターネット等）の準備段階である送信可能化権を有している旨規定しています。ただし、許諾を得て録画（録音は含みません）されている実演や、映画の著作物を映画として利用する場合には、本権利は適用されません（92条の２第２項）。許諾を得て録音された実演については、実演家が送信可能化についての許諾権を有します。

④譲渡権（95条の２）

> 実演家は、その実演をその録音物又は録画物の譲渡により公衆に提供する権利を専有する（95条の２第１項）。

　例外として、許諾を得て録画（録音は含みません）されている実演や、映画の著作物を映画として利用する場合には、本権利は適用されません（同第２項）。さらに、適法に販売等された場合には、著作財産権の譲渡権と同様に本権利は権利消尽することとされています（同３項）。裁定制度の採用により、著作権者不明の場合の裁定による又は裁定申請中の著作物の利用についても、権利消尽の対象とされました（H21年法改正による追加。同３項２、３号）。

⑤貸与権・報酬請求権（95条の３）

> 実演家は、その実演をそれが録音されている商業用レコードの貸与により公衆に提供する権利を専有する（95条の３第１項）。

　最初に販売された日から政令で定める期間（12カ月）を超える場合には、本権利は適用されません（同２項）。ただし、レンタルレコード（CD）業者は、期間経過後に公衆に貸与する場合には、相当な額の報酬を実演家に支払わ

なければなりません（同3項）。

⑥商業用レコードの二次使用（95条）
　許諾を得て録音・録画された実演を放送・有線放送する場合には実演家の放送権・有線放送権が適用されませんが（92条2項2号イ）、

> 許諾を得て実演が録音されている商業用レコードを用いた放送又は有線放送を行った場合には、放送事業者等は、実演家に二次使用料を支払わなければならない（95条1項）。

　CD等を用いることによる実演家の生出演の機会減少を補うための規定です。
　ただし、「営利を目的とせず、かつ、聴衆又は観客から料金を受けずに、当該放送を受信して同時に有線放送を行った場合」は除かれます（95条1項かっこ書）。

⑦放送される実演の有線放送（94条の2）

> 有線放送事業者は、放送される実演を有線放送した場合には、当該実演に係る実演家に相当な額の報酬を支払わなければならない（94条の2）。

　本項は生実演を含む放送の有線放送による同時再送信に対する報酬請求権です。放送の同時再送信に関する規定の制定に伴い、実演家に報酬請求権が付与されました。ただし、非営利・無料の場合はこの限りではありません（94条の2かっこ書）。

C　放送の同時再送信について（94条の2、102条）

　2011年に地上波放送は全面的にデジタル放送に移行しますが、難視聴地域対策等地上波デジタル放送への円滑な移行のために、IPマルチキャスト放送が登場しています。

　しかし、IPマルチキャスト放送は受信者のリクエストに応じて番組が送信される仕組みとなっています。つまり、IPマルチキャスト放送は、著作権法の規定では「放送」ではなく「自動公衆送信（送信可能化）」に該当することになります。

　そうすると、テレビ番組を送信する際に権利者の許諾を得なければならないことになります。これでは、有線放送と比べて権利関係が複雑で円滑な運用が困難となります。

　そこで、実演家とレコード製作者の権利を制限するとともに、その代償として新たに補償金を設けることにしました（102条5、6、7項）。また、有線放送による同時再送信についても、IPマルチキャスト放送と同様に、実演家とレコード製作者に報酬請求権（二次使用料）を付与しました（94条の2、95、97条）。

　なお、著作財産権については、従来通り著作権者が許諾権を有します。

	同時再送信手段			
	H18法改正前		H18法改正後	
	有線放送	IPマルチキャスト放送（送信可能化）	有線放送	IPマルチキャスト放送（送信可能化）
著作権者	許諾権	許諾権	許諾権	許諾権
実演家	無権利	許諾権	報酬請求権	補償金
レコード製作者	無権利	許諾権	報酬請求権	補償金

要点・用語 「放送の同時再送信」について

条文では「（実演であって）放送**される**ものは」となっています（102条5項）。この「される」というのは、過去に**された**放送を含まないという意味なので、現在放送中の放送のみが対象となった再送信、つまり同時再送信を意味します。

要点・用語 「入力型自動公衆送信」について

条文では「公衆の用に供されている電気通信回線に接続している自動公衆送信装置に情報を入力することによるものに限る」（102条5項）となっています。

IPマルチキャスト放送は、蓄積を伴わずに入力されたテレビ番組等の情報を送信しますが、これを「入力型自動公衆送信」と言います。「IPマルチキャスト放送」と具体的に規定していないのは、特定技術に限定せずに利用態様に着目しているからです。

102条5項で実演家等の権利が制限されているものは、このタイプに限定されており、通常のインターネットは含まれません。なお、実演家の権利は自動公衆送信ではなくて、その一歩手前の送信可能化なので、権利の制限も「送信可能化」としています。

要点・用語 放送対象地域の制限

放送を同時再送信するエリアは、対象となる放送の送信エリアと同じ範囲に限定されています。また、放送の送信エリアは、放送法で定められるもので、主に県域単位となっています。

> 著作隣接権の目的となっている実演であって放送されるものは、専ら当該放送に係る放送対象地域において受信されることを目的として送信可能化（公衆の用に供されている電気通信回線に接続している自動公衆送信装置に情報を入力することによるものに限る。）を行うことができる。ただし、当該放送に係る99条の2に規定する権利を有する者の権利を害することとなる場合は、この限りでない（102条5項）。

　上記ただし書は、同時再送信するには対象の放送を行う放送事業者の許諾を得ていることが必要であり、許諾がない場合には実演家等の権利も制限されないことを意味します。

> 前項の規定により実演の送信可能化を行う者は、営利を目的とせず、かつ、聴衆又は観衆から料金を受けない場合を除き、当該実演に係る92条の2第1項に規定する権利を有する者に相当な額の補償金を支払わなければならない（102条6項）。
> 前2項の規定は、著作隣接権の目的となっているレコードの利用について準用する（同7項）。

　IPマルチキャスト放送等をする者は、非営利・無料の場合を除き、実演家およびレコード製作者に対して補償金の支払義務が生じます。

3　レコード製作者の権利（96～97条の3）

A　保護を受けるレコード（8条）

以下のレコードが保護されます。
a．日本国民をレコード製作者とするレコード
b．日本国内で最初に音が固定されたレコード
c．「実演家等保護条約」、「実演及びレコードに関する世界知的所有権機関条約」、「TRIPS協定」、「レコード保護条約」によりわが国が保護義務を負うレコード

B　レコード製作者の権利

（1）複製権（96条）

レコード製作者は、そのレコードを複製する権利を専有する（96条）。

ここでいう複製にはレコードを直接増製する場合の他に、放送されたレコードの音を録音するような間接的な場合も含みます。

（2）送信可能化権・補償金（96条の2、102条7項）

レコード製作者はそのレコードを送信可能化する権利を専有する（96条の2）。

実演家の権利における送信可能化権と同様です。

(3) 譲渡権（97条の2）、貸与権等（97条の3）

　レコード製作者の権利として、実演家の権利と同様に、譲渡権とその消尽、貸与権と期間経過後の報酬請求権が規定されています。
　なお、裁定・裁定申請規定の適用を受けて公衆に譲渡されたレコードの複製物についても、消尽の対象となりました（H21年法改正）。

(4) 商業用レコードの二次使用（97条）

> 放送事業者等は、商業用レコードを用いた放送又は有線放送を行った場合（営利を目的とせず、かつ聴衆又は観衆から料金を受けずに、当該放送を受信して同時に有線放送を行った場合を除く。）には、そのレコードに係るレコード製作者に二次使用料を支払わなければならない（97条）。

　商業用レコードを用いて放送等を行った場合の二次使用料が規定されています。レコード事業者に放送権や有線放送権を認めなかった代償として認められたものとされています。
　本項のかっこ書は、H18年法改正前は「当該放送又は有線放送を受信して放送又は有線放送を行った場合を除く」となっていました。つまり、従来は放送の有線放送による同時再送信については、レコード製作者は実演家と同様に無権利だったのですが、法改正によって二次使用料を受けることができるようになりました。二次使用料の支払対象外となるのは、非営利・無料の場合のみです。

4　放送事業者の権利（98～100条）

　放送事業者は複製権、再放送権および有線放送権、送信可能化権、テレビジョン放送の伝達権を有します。

　放送事業者とは「放送を業として行なう者をいう。」（2条1項9号）とありますが、放送局としての免許を受けた者に限られず、非営利で反復継続して放送を行っている者等も該当すると解されています。放送する対象は著作物に限定されません。

A　保護を受ける放送（9条）

以下の放送が保護されます。
a．日本国民である放送事業者の放送
b．国内にある放送設備から行なわれる放送
c．「実演家等保護条約」、「TRIPS協定」によりわが国が保護義務を負う放送

B　放送事業者の権利

(1) 複製権（98条）

> 放送事業者は、その放送又はこれを受信して行なう有線放送を受信して、その放送に係る音又は影像を録音し、録画し、又は写真その他これに類似する方法により複製する権利を専有する（98条）。

　複製権により、テレビ画面を写真撮影することも禁止されますし、実質的に放送を録音・録画して放送等を行うことも禁止されることになります。
　放送事業者の権利は放送のみでなく、その放送を受信した有線放送にも及ぶことに注意してください。

(2) 再放送権及び有線放送権（99条）

> 放送事業者は、その放送を受信してこれを再放送し、又は有線放送する権利を専有する（99条1項）。
> ただし、放送を受信して有線放送を行う者が、（難視聴地域向け等）法令の規定により行なわなければならない有線放送については適用しない（同2項）。

(3) 送信可能化権（99条の2）

> 放送事業者は、その放送又はこれを受信して行う有線放送を受信して、その放送を送信可能化する権利を専有する（99条の2）。

　放送の同時再送信については、実演家の権利中の記載を参照してください。

(4) テレビジョン放送の伝達権（100条）

> 放送事業者は、そのテレビジョン放送又はこれを受信して行なう有線放送を受信して、影像を拡大する特別の装置を用いてその放送を公に伝達する権利を専有する（100条）。

　テレビ放送を大型のプロジェクターで公衆に視聴させる行為は、通常のテレビ放送の活用の範囲を超えたものであり、放送事業者の権利が及ぶこととしたものです。
　本権利は非営利・無料の場合であっても効力が及びます。著作隣接権の制限規定で38条3項を準用していないからです。

5　有線放送事業者の権利（100条の2～5）

A　保護を受ける有線放送（9条の2）

> 以下の有線放送が保護されます。
> ａ．日本国民である有線放送事業者の有線放送
> ｂ．国内にある有線放送設備から行われる有線放送

　有線放送事業者に対しては、条約上の保護はありません。

B　有線放送事業者の権利

　有線放送事業者の権利は、CATV等の普及に鑑みてわが国が世界に先駆け

て制定したものです。有線事業者の権利は放送事業者の権利と同様で、複製権（100条の2）、放送権及び再有線放送権（100条の3）、送信可能化権（100条の4）、有線テレビジョン放送の伝達権（100条の5）が規定されています。

著作隣接権関係のまとめ

	権利等	実演家	レコード製作者	放送事業者	有線放送事業者
人格権	氏名表示権	○			
	同一性保持権	○			
財産権	録音権・録画権	○			
	複製権		○	○	○
	放送権・有線放送権	○			
	再放送権・有線放送権			○	
	放送権・再有線放送権				○
	送信可能化権	○	○	○	○
	商業用レコードの二次使用料	○	○		
	譲渡権	○	○		
	貸与権	○	○		
	貸しレコードの報酬請求権	○	○		
	IPマルチキャスト放送、有線放送に関する報酬請求権・補償金	○	○		
	伝達権			○	○

6　著作隣接権の保護期間（101条）

(1)著作隣接権の保護期間はその行為日から始まります。
　すなわち、**実演を行ったとき、レコードの音を最初に固定したとき、放送や有線放送を行ったとき**が始期となります。
(2)保護期間の**終期**は基準日の属する年の翌年から起算して50年ですが、**基準日とは、実演については実演が行われた日、レコードについてはその発行が行われた日**（最初に固定された日の翌年から50年経過するまでに発行されなかったときは、最初に固定された日を基準日とする）、**放送・有線放送については放送・有線放送が行われた日**を言います。
　レコードについては始期との相違に注意してください。

7　裁定（103条）

　コンテンツの流通促進の観点から、著作隣接権についても著作権同様に裁定の規定が適用されることになりました。

> ★H21年法改正新設
> 67条の著作権者不明等の場合の裁定、67条の2の裁定申請の規定は著作隣接権者と連絡することができない場合における実演、レコード、放送、有線放送の利用について、準用される（103条）。

8　著作隣接権の制限、譲渡及び行使等並びに登録（102〜104条）

　著作隣接権の制限、制限と実演家人格権との関係、譲渡、行使、登録については、著作権に関する規定に準じて規定されています（102〜104条）。

本章のねらい・ポイント

これまで著作者の権利、著作隣接権の権利主体、発生、権利の内容等についてみてきました。本章では、著作者の権利、著作隣接権等の権利を侵害した場合にはどのような措置をとることができるか理解しましょう。産業財産権法との相違にも留意してください。

第8章 著作者等の権利侵害に対する措置

本章の内容

1 侵害
2 侵害とみなす行為について
　6つの類型があります。
3 善意者に係る譲渡権の特例について
4 民事上の救済措置について
　権利侵害に対する民事的救済措置が規定されています。共同著作物等の場合には特則が定められています。過失推定はありません。
5 罰則について

46話　著作財産権の侵害

雄介君は自分のブログで笑い話をネタとして披露したところ、たちまちネット上で評判となりました。ある日、それを見ていた若手芸人のXがテレビ番組に登場して……

1
今日は新しいネタでいきま〜〜す。
あ、この芸人面白いよね。

2
○×○×………。
な、何っ…..。

3
ど、どうしたの？
今の…、俺のブログのネタだ。

4
ひどい。これは、著作権法違反ね。
こいつ、訴えてやるっ！

解　説

- 「雄介君が書いたブログ記事を勝手に使われたみたいなんだけど」
- 「そのブログ記事に著作物性が認められそうだから、公衆送信権や口述権の侵害に該当しそうだね」
- 「まったくひどい話だよね」
- 「でも、相手が勝手に使ったんじゃなくて、たまたま同じネタを思いついた場合はどうなるの？」
- 「その場合は、自己の創作したネタなんだから自由に利用できるよ」
- 「雄介君が先に思いついていても？」
- 「著作財産権の権利の性質は相対的独占権だからね。早い者勝ちになるわけではないんだ」
- 「うーん。。なるほど。。」

　正当な権原なしに他人の著作物を利用すれば著作財産権を侵害することになります。ブログも多くは著作物性があるでしょうから、公衆送信権や口述権の侵害になるものと思われます。

　なお、著作財産権は相対的独占権であり、たまたま第三者が他人の創作した著作物と同一の著作物を独自に創作した場合には、当該他人の著作者の権利は第三者の著作物に及びません。
　この結果、第三者は自己の創作した著作物を自由に利用できることとなります。
　このことから、著作財産権の権利の性質は「相対的独占権」と言われます。
　一方、特許権等産業財産権法においては、たまたま同一の発明等が複数発生してもどちらか一方にしか権利を付与しません。
　このことから特許権等産業財産権の性質は「絶対的独占権」と言われます。

47話　著作財産権等の侵害（罰則）

藍ちゃんと雄介君が街を歩いていると怪しげな露店が……

「最新DVDだよ。見ていかない?」

1
「最新映画のDVDが安いよ〜。どう?」
「ホントに?」
「雄介君、ダメだよ。」

2
「なんで? 安いぜ?」
「きっと海賊版だよ。」

3
「こら! そこ! 著作権法違反で逮捕する!」
「やべぇ! 逃げろ!!」

4
「ほらね、違法コピーは犯罪になる場合があるのよ。」
「びびった…。」

234

| 解　説 |

- 「違法コピーした人はどうなるの？」
- 「故意にすると刑事罰の対象となるね」
- 「うわ、刑事罰……」
- 「権利侵害の機会や規模が増大しているから、罰則も強化されているんだ」
- 「ふーん。著作権者は訴えなきゃ犯人を逮捕してもらえないの？」
- 「著作財産権等著作者の権利は私権で、一部の場合には告訴が必要なんだ」
「告訴が必要なのを、親告罪って言うんだよ」

　故意に他人の著作財産権等を侵害等した者は、刑事罰の対象となります。侵害の態様に応じた罰則が規定されています。
　権利侵害の機会や規模が増大していることから、著作者の権利等の保護を厚くするため罰則も強化されています。

　ただし、著作者の権利は私権であり、死後の利益、著作者名詐称、キャンセラー等を業として行う場合等以外は親告罪（告訴が必要）とされています。

1　侵害

　正当な権限または理由がなく権利の対象となっているものを第三者が利用する行為は著作財産権、出版権、著作隣接権の侵害に該当し、また、無断公表等条文に規定されている事項に違反すれば、著作者人格権等の侵害に該当します。

裁判例　ワンレイニーナイトイントーキョー事件（最S53.9.7）

　楽曲の複製権侵害による損害賠償請求等がなされた事件。
　複製権の侵害であるためには「同一性」と「依拠性」が必要であるとし、偶然同一のものが作成されても侵害に該当しないとされました。
　「著作物の複製とは、既存の著作物に依拠し、その内容及び形式を覚知させるに足りるものを再製することをいうと解すべきである。既存の著作物に接する機会がなく、従って、その存在、内容を知らなかった者は、これを知らなかったことにつき過失があると否とにかかわらず、既存の著作物と同一性のある作品の作成により、著作権侵害の責任を負わない。」
　裁判所は、本件について依拠性を認めず非侵害としました（依拠性の否定）。

裁判例　記念樹事件（最H12.2.18）

　楽曲の複製権侵害による損害賠償請求等がなされた事件。
　裁判所は、両曲の著しい類似性と原告作曲の曲の著名性から依拠性を認定し、侵害と判断しました（依拠性の肯定）。

> **裁判例** 江差追分事件（最H13.6.28）

ノンフィクション小説の翻案権の侵害に対する損害賠償請求等が争われた。
裁判所は、「表現それ自体でない部分又は表現上の創作性がない部分が同一であっても翻案権侵害には当たらない」として、非侵害としました。（同一性の否定）。

> **裁判例** サンジェルマン殺人狂騒曲事件（最H8.7.12）

ミステリー小説の翻訳原稿の複製権等の侵害に対する差止め請求等がなされた。
裁判所は依拠性は認めたものの、依拠した部分は大きな相違に埋没するとして同一性は認められず非侵害となりました（同一性の否定）。

2　侵害とみなす行為（113条）

条文規定の侵害に該当しなくても、以下の行為については、著作者人格権、著作財産権、（出版権）、実演家人格権、著作隣接権の侵害とみなされて、民事的救済、刑事罰の対象となります。著作者等の保護を図るためです。

①外国で作成された侵害品を国内で頒布する目的で輸入する行為

> 国内において頒布する目的をもって、輸入の時において国内で作成したとしたならば著作者人格権、著作権、出版権、実演家人格権又は著作隣接権の侵害となるべき行為によって作成された物を輸入する行為（113条1項1号）

　違法な複製物を国内に流通する前に水際で排除しようとするもので、個人的な輸入や調査研究目的のものは対象外です。
　違法複製物か否かの判断時期は、輸入時です。

②侵害品を情を知って頒布する行為

> 著作者人格権、著作権、出版権、実演家人格権、又は著作隣接権を侵害する行為によって作成された物（前号の輸入に係る物を含む。）を情を知って頒布し、頒布の目的をもって所持し、若しくは**頒布する旨の申出をし**（下線部H21年法改正）、又は業として輸出し、若しくは業としての輸出の目的をもって所持する行為（113条1項2号）

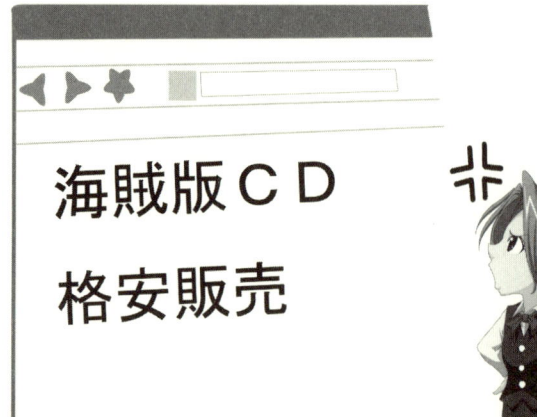

頒布、所持という広範な範囲の行為を対象としたので、「情を知って」との条件を設けたものです。「情を知って」というのは、違法に作成されたものであることを知っていることを言います。

知っているか否かの判断時点は、頒布・所持の時点です。したがって、入手時に知らなくても、所持中や頒布時に知れば本号に該当します。

なお、映画館で無断録画された海賊版DVDが海外で取り引きされるなどの事態が生じていることから、業としての「輸出」や「輸出目的の所持」についても、H18年法改正で侵害とみなすこととされました。

> ★法改正について
> H21年法改正で、侵害品を情を知って「頒布する旨の申出をする」行為も侵害とみなされることとなりました。

侵害品を販売するために、インターネットオークション等を利用して当該物品の譲渡等の申し出（以下「譲渡告知行為」と言います）が行われるケースが増加しています。従来、譲渡告知行為自体は侵害に該当しなかったために、侵害に該当する行為を伴わない場合は全体として非侵害となり、このことが侵害品の取引を助長していました。

ⅰ．従来法でも侵害とみなされていた類型

　　インターネットで注文受付する者が侵害品の在庫を持っており、注文に応じて出荷するケース

　　（注文受付する者が「侵害品を情を知って頒布」または「侵害品を情を知って頒布の目的をもって所持」する行為を行っているので、侵害とみなされる。）

ⅱ．従来法では侵害とみなされにくい類型
　A．インターネットで譲渡告知行為をする者が侵害品を受注するが、侵害品の所持や販売は別の業者が行うケース。
　B．インターネットで譲渡告知行為をする者（会社）は、譲渡告知行為をす

るのみで、侵害品の受注や販売は別の業者が行うケース。
（A、Bいずれのケースも、譲渡告知行為をする者は、「侵害品を情を知って頒布」や「侵害品を情を知って頒布の目的をもって所持」する行為を行っていない。ただし、Aのケースは譲渡告知行為をする者は侵害品所持者と共同行為者とされる可能性がある）

C. インターネットで譲渡告知行為をする者が、発注を受けてから、自ら侵害品を製造・販売するケース。
（譲渡告知行為の時点では侵害品を所持・頒布しておらず、侵害に該当しない）

このため、侵害品の取引きを防止するため、権利を侵害する行為によって作成された物または同様の輸入物品の販売のためにインターネットを活用して譲渡告知行為を行うこと自体について、「情を知って」などの一定の要件の下で著作権等を侵害する行為とみなすこととしました。

③プログラムの著作物の侵害品を情を知って業務上使用する行為

> プログラムの著作物の著作権を侵害する行為によって作成された複製物を業務上電子計算機において使用する行為であって、その複製物の使用権原取得時に情を知っている場合（113条2項：著作権のみの侵害）。

著作物の「使用」については権利が及ばないことが原則です。しかし、プログラムの著作物は、他の著作物と異なり公衆に提供・提示されることが少ないので、権利者の保護を十分に図る必要があります。そこで、使用権原時、つまり譲渡や貸与時に違法コピーであることを知っていた場合に限り、違法コピーの「使用」も侵害とみなすこととされました。

④権利管理情報に関する行為（113条3項：著作者人格権、著作権、実演家人格権、著作隣接権の侵害）

権利管理情報とは、電子データに著作権者名・ライセンス条件等を埋め込む電子透かし技術により、インターネット上の違法コピーの発見や権利処理の手続簡易化を目的とするものです。

権利管理情報の有効性を害する以下の行為は著作財産権等の保護に重大な影響を与えることから著作財産権等の侵害とみなすこととされています。

> ⅰ．権利管理情報として虚偽の情報を故意に付加する行為（113条3項1号）
> ⅱ．権利管理情報を故意に除去・改変する行為（同2号）
> ⅲ．1、2号の行為が行われた著作物若しくは実演等の複製物を情を知って、頒布等する行為（同3号）

⑤音楽レコードの還流防止（113条5項：著作権、著作隣接権の侵害）

輸入権ともいわれるもので、日本で販売されているレコードについて、外国から安値で流入する行為を防止することを目的とするものです。同じレコード会社が同じレコードを日本とアジア諸国で販売している場合に、アジア諸国ではその国のファンが購入できるように安い価格で販売していますが、その安い価格で購入したレコードを大量に日本に持ち込まれると、著作権者等が不利益を被るからです。

> 国内で頒布することを目的とした商業用レコードを発行等している著作権者等は、そのレコードと同一で外国のみで頒布することを目的とするレコードを外国で発行等している場合、情を知って外国専用レコードを日本に輸入等する行為は、著作権者等の利益が不当に害される場合には、著作権等の侵害とみなされる。ただし、政令で定める期間経過後のレコードはこのような保護を受けられない（113条5項）。

⑥著作者の名誉または声望を害する方法により著作物を利用する行為

> 著作者の名誉又は声望を害する方法によりその著作物を利用する行為は、著作者人格権の侵害とみなされる（113条6項）。

本規定は、名誉棄損に関する権利のようなもので、著作者の創作意図とかけ離れた利用は創作価値を損なうことに鑑みたものです。人格権の第4の権利とも言われます。具体的には、裸体画をヌード劇場の看板に用いること等が該当します。本条は著作者人格権のみが対象になります。

なお、以下の報酬請求権、二次使用料を受ける権利も、著作隣接権とみなされて権利行使の対象となります（113条4項）。
・94条の2
・95条1項
・95条の3第3項
・97条1項

・97条の3第3項

3　善意取得の特例（113条の2）

　許諾なく譲渡された著作物を善意・無過失で譲り受けた者はその著作物を公衆に譲渡しても侵害とはみなされない旨規定しています。

　許諾なく譲渡された著作物は消尽しないので、転得者が第三者に販売すると侵害になってしまいます。しかし、最初に適法に譲渡されたか否かを判断することは困難であること、円滑な取引に支障を来たすことから、善意・無過失で譲渡を受けた者の譲渡行為は侵害としないこととしました。

4　民事上の救済措置（112、114～118条）

　侵害に対する民事上の救済措置としては、差止請求権（112条）、不法行為による損害賠償（民法709条）、不当利得の返還義務等（民法703、704条）、名誉回復等の措置（115条）があります。特許法等と同様です。

（1）差止請求権

> 著作者、著作権者、出版権者、実演家又は著作隣接権者はその著作者人格権、著作権、出版権、実演家人格権又は著作隣接権を侵害する者又は侵害するおそれがある者に対し、その侵害の停止又は予防を請求することができる（112条1項）。

要点・用語　差止請求

差止請求（112条）とは、侵害行為を停止または未然防止させる行為です。侵害中または侵害のおそれのある場合に認められ得るので、現在または将来の行為に対する措置と言えます。

差止請求では、付帯請求として

「侵害の行為を組成した物、侵害の行為によって作成された物又は専ら侵害の行為に供された機械若しくは器具の廃棄等」（112条2項）をすることができます。

「侵害の行為を組成した物」とは販売された海賊版映画フィルム等が、「侵害の行為によって作成された物」とは、小説の違法コピー等が該当します。

「侵害の行為に供された機械等」とは、印刷機械や映写機器等を意味しますが、それらは元来侵害のための機器ではないので、「専ら」という条件をつけています。

（2）不法行為による損害賠償（民法709条）

財産権としての著作財産権、出版権、著作隣接権については、損害賠償請求が認められています。損害額等の立証等が困難であることから、損害の額の推

定規定（114条）が設けられています。

　著作権法では過失の推定規定はありません。著作権法は権利を取得するのに登録を要しない無方式主義を採用しているからです。したがって損害賠償請求をする場合には、請求人が故意・過失を立証しなければなりません。

要点・用語　損害賠償請求権について

「故意又は過失によって他人の権利又は法律上保護される利益を侵害した者は、これによって生じた損害を賠償する責任を負う（民法709条）。」

　損害賠償請求権は著作権法には規定がなく、民法709条に基づいて行われます。差止請求と異なり、過去の違法行為により生じた損害の賠償を請求するもので、過去の行為に対する措置と言えます。

　損害賠償請求を行うには、
ⅰ．他人の権利又は法律上保護される利益を侵害したこと
ⅱ．故意又は過失があったこと
ⅲ．損害が発生したこと
ⅳ．権利等侵害と損害発生に相当因果関係があること

v. 損害額
を立証しなければなりません。

(3) 不当利得の返還義務（民法703条）

不当利得返還請求権も著作権法に規定はなく、民法に基づいて権利行使されます。

> 法律上の原因なく他人の財産又は労務によって利益を受け、そのために他人に損失を及ぼした者は、その利益の存する限度において、これを返還する義務を負う（民法703条）。

(4) 名誉回復等の措置（115条）

金銭賠償とは別に、人格的利益を回復するための措置です。自分の著作物なのに他人の名前が著者として表示された場合等に自己の氏名を表示したり、謝罪広告を掲載させたりすることを請求できます。

> 著作者又は実演家は、故意又は過失によりその著作者人格権等を侵害した者に対し、損害の賠償に代えて、又は損害の賠償とともに、著作者等であることを確保し、又は訂正その他著作者等の名誉若しくは声望を回復するために適当な措置を請求できる（115条）。

(5) 侵害立証などの特則

侵害立証等の特則は特許法等と同様になっています。以下の特則が設けられています。

①損害の額の推定等（114条）

> ⅰ．侵害の行為によって作成された物を譲渡・侵害の行為を組成する公衆送信をした場合、譲渡した物の数量又は公衆送信により公衆が作成した著作物等の複製物の数量に、侵害の行為がなければ著作権者等が販売できた物の単位利益を乗じた額を、受けた損害の額とすることができる。ただし、著作権者等の販売能力を超えない範囲に限られる。
> 又、当該数量の全部又は一部について著作権者等が販売できない事情がある場合は、その分控除される（1項）。
> ⅱ．侵害者の利益が、損害額と推定される（2項）。
> ⅲ．著作権等の行使につき受けるべき金銭の額に相当する額を損害額として、賠償請求できる（3項）。

②具体的態様の明示義務（114条の2）

> 権利者の主張する侵害を組成する物等の具体的態様を否認する場合には、原則として、自己の行為の具体的態様を明らかにしなければならない。

③書類の提出等（114条の3）

> 裁判所は、当事者の申立てにより、侵害立証・損害計算のために必要な書類の提出を命ずることができる。

④鑑定人に対する当事者の説明義務（114条の4）

> 当事者の申立てにより、裁判所が、損害計算のために必要な事項の鑑定を命じたときは、当事者は、鑑定人に対し、必要な事項の説明をしなければならない（114条の4）。

⑤相当な損害額の認定（114条の5）

> 裁判所は、損害額の立証が極めて困難な場合、相当な損害額の認定をすることができる（114条の5）。

⑥秘密保持命令（114条の6〜8）

> 裁判所は、当事者が保有する営業秘密について、一定条件の下、当該営業秘密を訴訟追行の目的以外に使用したり、命令を受けた者以外に開示しないことを命じることができる（114条の6〜8）。

（6）著作者などの死後における利益保護（116条）

　著作者・実演家の死後の人格的利益の保護のため、60条違反、101条の3違反の場合、遺族に差止請求（112条）、名誉回復等措置請求（115条）を認めています。
　遺族の請求順位は、著作者等の遺言で別に定めた場合を除き、配偶者、子、父母、孫、祖父母または兄弟姉妹の順となっています（116条）。

（7）共同著作物等の権利侵害（117条）

> 共同著作物の各著作者又は各著作権者は、他の著作者又は著作権者の同意を得ずに、（単独で）差止めや持分に応じた損害賠償請求・不当利得返還請求をすることができる（117条1項）。共同著作物でない場合であっても、共有の著作財産権・著作隣接権の場合には、同様に単独で権利行使できる（同2項）。

　共同著作物の著作者人格権や著作財産権の権利行使の制限について、積極的な行為の制限を意味するのであって、差止請求等消極的な行為を意味するもの

ではないと記載しましたが、本条はそれを裏付ける規定です。

　共同著作物の著作者人格権については、単独で差止請求ができ、著作財産権については、単独で差止請求や持分に対応する損害賠償請求や不当利得返還請求ができる旨規定されています。

　なお、共同著作物に限らず、相続や譲渡により共有となった著作財産権や共有著作隣接権についても、同様に単独で差止請求等ができます。

（8）無名又は変名の著作物に係る権利の保全（118条）

　無名又は変名の著作物においては、著作者は実名を明らかにしたくない事情も多いのですが、権利侵害があった場合に訴訟を提起するには、実名を明らかにしなければならなくなります。そこで、原則として著作物の発行者にも発行者の名前で権利行使することを認めました。

5　罰則（119〜124条）

（1）侵害等の態様と刑罰の内容

	侵害等の態様	刑罰内容
A	・著作権、出版権、著作隣接権を侵害した者および113条に定める侵害とみなされる行為をした者（119条1項） 例外1：自動複製機器を用いて複製することは、30条の権利制限から除外されているが、それが私的使用目的で自ら複製した場合は、悪性が低いことから刑罰の対象としていない。 例外2：113条3項の権利管理情報の改変等を行った場合は侵害とみなされるが、侵害の予備的行為なので原則として、罰則の対象としていない。 例外3：113条5項の音楽レコードの還流防止規定違反も、同様に原則として、罰則の対象としていない。 例外4：113条1項、2項により侵害とみなされる行為を行った者は、119条2項3、4号（B）に規定	懲役10年以下若しくは罰金10百万円以下又はこれらの併科
B	・著作者人格権又は実演家人格権を侵害した者（119条2項1号） 例外：権利管理情報の改変等を行った場合は、原則として罰則の対象としていない（同かっこ書）。 ・営利目的で30条1項1号の自動複製機器を侵害行為に使用させた場合（同2号） 権利侵害の原因を作り出し、それを営利目的で行うことは悪性が高いので、そのような行為も罰則の対象としている。 ・113条1項又は2項の侵害とみなされる行為を行った者（同3、4号） ・秘密保持命令に違反した者（122条の2）	懲役5年以下若しくは罰金5百万円以下又はこれらの併科

	侵害等の態様	刑罰内容
C	・専ら技術的保護手段の回避を機能とする装置やプログラムの複製物を公衆に譲渡等した場合（120条の2第1号） ・業として公衆からの求めに応じて技術的保護手段の回避を行った者（同2号） ・営利目的で権利管理情報の改変等を行った者（同3号） ・営利目的で音楽レコードの還流防止規定違反を行った者（同4号）	懲役3年以下若しくは罰金3百万円以下又はこれらの併科
D	・著作者でない者の実名又は周知の変名を著作者名として表示した著作物の複製物を頒布した者（121条） ・商業用レコードを商業用レコードとして複製・頒布・頒布目的の所持・**頒布する旨の申出をした者**（商業用レコード製作を業とする者が原盤の提供を受けて製作する場合等）（121条の2）	懲役1年以下若しくは罰金1百万円以下又はこれらの併科
E	60条又は101条の3に規定の死後の人格的利益を害した者（120条）	罰金5百万円以下
F	48条又は102条2項規定の出所明示義務違反をした者（122条）	罰金50万円以下

（2）親告罪（123条）

　119条、120条の2第3、4号、121条の2、122条の2第1項規定の罪は、私益に関するものまたは営業秘密に関するものなので、被害者である権利者の判断に委ねるべく、告訴がなければ公訴を提起しないこととしています。

(3) 両罰規定（124条）

　一定の場合には、罰則対象行為の行為者を罰するのみならず、その使用者または法人に対して罰金を科すこととしています。

	侵害の態様	使用者または法人の罰金額
A	・119条1項 ・119条2項3、4号 ・122条の2第1項	3億円以下　　（法人） 10百万円以下（人） 3億円以下　　（法人） 5百万円以下　（人）
B	・119条2項1、2号 ・120条 ・120条の2 ・121条、121条の2 ・122条	5百万円以下　（人、法人） 同 3百万円以下　（同） 1百万円以下　（同） 50万円以下　（同）

本章のねらい・ポイント

インターネット、デジタル化と最も関連の深い知的財産権は著作権であると言われます。また、肖像権も著作権法に関係の深い権利です。さらに、情報化社会の進展により新たにさまざま問題が起こっており、「情報モラル」の重要性が増しています。本章では、これらの問題について学習します。

第9章 インターネットと著作権法および著作権法の周辺

本章の内容

1 インターネットと著作権法
　インターネットおよびデジタル化の影響
2 電子メールについて
3 ホームページについて
4 電子掲示板について
5 肖像権について
6 情報モラルについて

48話　電子メール

藍ちゃんとハナちゃんは一緒に美術館に来ています。面白い彫刻がいくつかあったのでカメラ付き携帯電話で撮影して、友人達にメールで知らせようと考えています。

1
この彫刻面白〜い！
ホントだ。変な顔〜。
フリーダム

2
新鋭彫刻家の作品は一味違うなぁ。友達にも見せてあげよっと。
パシャッ

3
メールで皆まとめて送信しちゃお。
ちょっと待って。

4
ハナ。それはちょっとまずいと思うよ。
ほへ？

解 説

　一般に、個人対個人で行う電子メールであれば、特定人に対する送信なので「公衆送信」には該当しないと考えられます。
　また、複製権については、取り込んだり、転送する際に複製されるものの、特定の個人宛であれば、「私的使用」目的の複製と考えられますので、複製権が及ばないものと考えられます。

　一方、上記電子メールをメーリングリストを利用するなどして多数の人に送信した場合には、「公衆送信」に該当し、私的使用の範囲を超えていることから、「複製」にも該当することになります。

「電子メールってたくさんの人に連絡できて便利なんだけど。。」
「どうしたんだい？」
「ハナがメールで友達みんなにまとめて送信しようとしてたから、これって公衆送信にならないのかな……って」
「多数の人にメールを送信する場合は、公衆送信に該当するね」
「だよね。。。あと、同じものをたくさんの人に送るわけだから、複製権の侵害にも該当しそうなんだけど」
「よく勉強しているね。たくさんの人に送信するためにコピーする場合は、私的使用の範囲を超えるから、複製権が働くんだよ」
「やっぱりそうか。じゃ、著作権者の許諾をもらうようにハナに言っとくね」

　ハナちゃんは友人にまとめて彫刻の写真を送信していますが、これが公衆送信に該当する場合には著作権者の許諾が必要になります。
　同様に、私的使用の範囲を超えていれば、複製権が働くので、著作権者の許諾が必要です。

49話　肖像権

雄介君は歌手の大沢さくらちゃんのファンでした。

1
あっ、あれは人気歌手のさくらちゃん!?

2
すみません。写真撮っても良いですか? ファンなんです。
ええ。喜んで。

3
ラッキー!

4
HPに載せたんだけど。俺が撮った写真だし問題ないよね。
写真の著作権は雄介君が持ってるからね。
ちょっと待った!

解　説

- 「芸能人の写真って勝手にHPに公開しちゃダメなんだ。。。」
- 「一緒に写真を撮ることの承諾を得ていても、HPに載せることまで承諾を得ていないから、肖像権が問題になってきそうだね」
- 「肖像権？」

　肖像権とは、「肖像」（人の形・姿およびその画像など）が持ちうる人権をいい、人格的利益を保護する人格権（肖像人格権）と財産的権利を保護するパブリシティ権の2つの側面があります。肖像権について直接規定している法律はなく、判例の積み上げによって認められてきたものです。
　ですから、著作権法の私的使用等の権利の制限は適用されませんので留意してください。

　雄介君は歌手の大沢さくらに写真を撮ることの承諾を得ていますが、それをホームページに載せることまで承諾を得ていません。この場合、さくらちゃんの肖像権が問題になると考えられます。
　なお、さくらちゃんのホームページの写真をコピーして自分のホームページに貼り付けるような場合には、肖像権と著作権（写真の著作権）の両方が働くことになります。

50話　情報モラル

デザイン会社の情報管理担当者は、新人教育の一環として情報モラルの徹底が必要だと感じています。法令遵守という側面からも関連する法律を紹介すべきと考え、法務部の三枝氏の協力の下でマニュアルの作成に取り掛かることにしました。

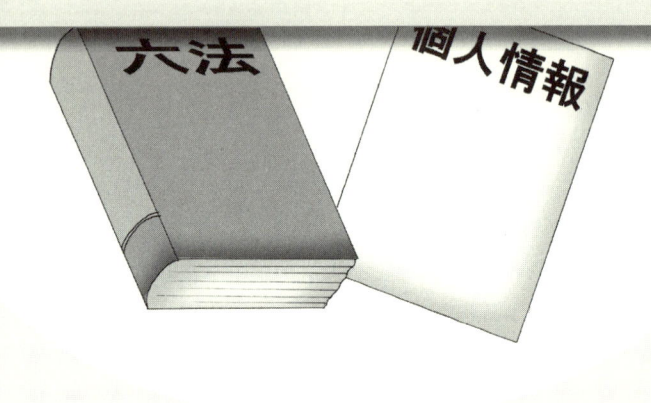

1
新人研修用に情報モラルのマニュアルを作りたいんだけど、どんな項目を入れたらいいかな？
そうだな…。

2
まずは情報リテラシーを説明してから、関連する法を紹介すればいいかな
なるほど。

3
法を理解すればルールやマナーを守る重要性を認識するだろうし
実務の場面ごとに具体例を示せば効果的だね。

4
情報管理に関連する法律はたくさんあるから体系化が大変だね…。
ぜひともよろしく。

258

解　説

⑴情報モラルとは、「情報化社会における人々のルール・規範」とでも言うべきものです。

　インターネットの浸透により社会の利便性・効率性が飛躍的に進展した反面、コンピュータを悪用した新しい形の問題が次々と起こってきています。人間と情報化社会の関わりを考え、情報化社会の負の部分についての解決を図る必要があります。

⑵情報モラルの内容
　①情報リテラシーの問題
　　情報を自分の目的に適合させるようにする能力を言います。情報化社会に参加するために、まずはこの能力を身につける必要があります。
　②法的問題
　　著作権法を中心とした法的側面からの指針です。
　③コンピュータのセキュリティ等の問題
　　不正アクセスやウイルス等の問題です。
　④ネチケット
　　ネチケットとは、ネットワーク上のエチケットを縮めたものです。電子メール等に参加する上で守るべきルールやマナーのことを意味します。

「そういや、この４コマに出てる人達、誰？」
「父さんのクライアントの三枝君と……あれ？　誰だっけ？」
「この本の登場人物紹介に載ってない。。。脇役Ａだね」
「ひどいっっっ!!　モラルがテーマの漫画なのに！」

1　インターネットと著作権法

　インターネットはすでに世の中に普及・浸透しており、インターネットのないビジネスや生活は考えられない状況になっています。

　インターネットは大量の情報を時間的制約なく（いつでも、瞬時に）かつ地理的制約なく（世界中に）安価に配信することができますが、この特徴を支えているのが、デジタル化です。デジタル化技術によってどのような情報もすべて「0」と「1」の信号として処理され、インターネットでの配信が可能になるのです。

　このインターネット・デジタル化と最も関連の深い知的財産権は、著作権です。文章、音楽、漫画、写真等多くの著作物は、その内容（情報）をデジタル化できます（それを「デジタルコンテンツ」と言います）。このデジタル化された情報は、容易にコピー（複製）や切り貼り等の改変（二次的権利）をすることができ、また、インターネット（公衆送信）によって瞬時に世界中に広がります。

　このため著作者は、資本の乏しい個人であっても、大会社の助けを借りずに完成した著作物を世界中の人の目に触れさせることが可能となります。一方、他人がその著作者の作品をコピーや改変（同一性保持権、二次的権利）することも容易になり、その被害は世界中に広がることになります。

　このように、インターネットとデジタル化は著作物等の保護の観点から考えると、プラス面とマイナス面が混在しますが、少なくともインターネット・デジタル化と著作権法が大変密接な関係にあることは間違いのないところです。したがって、インターネットとデジタル化に関する知的財産の問題を検討するには、著作権法の理解が必須となります。

最近はネットで
ダウンロード
できて便利♪

2　電子メールについて

(1)電子メールで問題になる権利等は「複製権」、「公衆送信権」、「私的使用」、「公表権」等です。

(2)まず、電子メール自体は著作物でしょうか？　電子メールは、いわば手紙と同じと考えられるので、思想・感情を創作的に表現した著作物と認められることも多いものと思われます。

(3)次に、電子メールの中に他人の創作した文章や写真等を含んでいる場合や、他人の電子メールを転送した場合はどうでしょうか？　他人の文章等も著作物である場合、「公衆送信権」と「複製権」が問題になります。文章を加工すると二次的権利（翻案権）の問題となることもあります。

(4)通常、個人間でやりとりするメールは「公衆」送信に該当せず、複製についても私的使用と認められる場合が多いと考えられます。ただし、メーリングリスト等多数の者に送信する場合は公衆送信に該当し、私的使用に該当しないことになります。

(5)著作者人格権が問題になることもあります。

他人の文章を許諾なく多数の人に送信することは、「公表権」の侵害となる場合もあります。他人からの手紙を勝手に公開するようなものですね。

さらに、他人の文章を切除や改変して送信すると、「同一性保持権」の侵害ともなり得ます。

(6)なお、特定の個人宛の私的使用による複製であっても、当該他人の文章等が営業用に用いられたりすると目的外の使用となり複製権が及ぶことになるので、著作権者の許諾が必要になります。

いずれにしても、むやみに他人の文章や写真を多数の人に送信することは避けるべきですね。

3　ホームページについて

(1)ホームページにおいても、メールと同様の権利の他に、「引用」、「肖像権」が特に問題となります。

(2)ホームページ自体も、著作物として認められることが多いものと考えられます。ホームページに掲載されている個々の文章、写真、イラストなどの他に、

ホームページ全体も編集著作物として著作物になり得ます。

(3)自己のホームページに他人の文章や写真を取り込んだ場合は、どうなるでしょうか？ 電子メールの場合と違うのは、ホームページは、不特定の人がアクセスすることを前提としているので、「私的使用」を目的としているとは言えないことです。また、ホームページにアップロードすることは、「送信可能化」となり、公衆送信に該当することにもなります。したがって、原則として「複製権」、「公衆送信権」についての許諾が必要になります。

(4)許諾なく利用できる場合として、「引用」があります。引用の要件を満たせば取り込むことは可能ですが、特に必然性もなく取り込む行為については、引用が認められることは難しい場合も多いと考えられます。

(5)ホームページで問題になる行為として、アイドル等他人の顔写真を取り込むことがあります。この場合は、写真の著作物として著作財産権の問題が発生する以外に、肖像権も併せて問題となります。肖像権の詳細については、後述します。

(6)ホームページでリンクを張ることが多いですが、リンクはそのホームページへのアクセスを容易にする行為であって、複製には該当しないと考えられています。

　ただし、この「リンクを張る」のが、相手のトップページではなく、下位ページへのリンクであったり（「ディープリンク」と言います）、自分の特定のフレームからリンクするような場合（「フレームリンク」と言います）には、自己のホームページ内に他人のホームページの内容を表示させる行為等として、複製権、公衆送信権の侵害となる場合があると考えられます。

4　電子掲示板について

(1)電子掲示板も、一般に不特定の者がアクセスできるものです。したがって、電子掲示板に投稿することは、ホームページに掲載することとほぼ同様の問題が生じることになります。

(2)電子掲示板に特有の問題は、管理者の問題です。特に匿名の投稿の場合には、違法行為をした者を特定することが困難であることから、管理者の管理責任が問題になります。

　管理者の責任については、「クラブキャッツアイ事件」で最高裁がその判断基準を示しました。

> ◇ 裁判例 　**クラブキャッツアイ事件（最S63.3.15）**
>
> 　ホステスがカラオケ装置を操作して客に歌唱させていたカラオケスナックの経営者に対して、音楽管理団体が演奏権の侵害として差止請求等を行った。
> 　裁判所は「カラオケスナックの経営者は直接侵害を構成する者ではないが、下記要件が満たされれば客の歌唱は店の経営者の歌唱と同視できる。」として、経営者を侵害主体と認めました。
> ①店の管理者の管理支配性
> ②店がその行為により利益を得ている

裁判例 カラオケリース事件（最H13.3.2）

　リース先と著作権使用許諾契約を締結しないカラオケリース業者に対して、音楽管理団体が共同不法行為による損害賠償請求を行った。請求認容。

　裁判所は「カラオケのリース業者にはリースの相手方が著作物使用許諾契約を締結または申し込みしたことを確認してからカラオケ装置を引き渡す条理上の注意義務を負うものと解するのが相当」と判断しました。

裁判例 録画ネット事件（知財高H17.11.15）

　テレビパソコンで受信したテレビ放送を海外等に転送するサービス業者に対し著作隣接権の侵害として差止め請求等が行われた。

　同サービス業者の管理責任、利益性が認められ、侵害主体と認定されました。

5　肖像権について

> **要点・用語**　肖像人格権とは？

　「人は自己の氏名、肖像を意思に反してみだりに撮影等されないことについて、法律上保護される人格的利益を有している。」というものです。肖像人格権はすべての人に認められるものですが、芸能人等は自己の氏

名・肖像が知られることにより評価が高まる面があり、また、政治家は公的な存在であるので、一般公衆に比べ保護の水準は低いものと考えられます。

要点・用語　パブリシティ権とは？

有名人等の肖像や氏名が持つ顧客吸引力が経済的価値として認知されて成立した財産的権利です。したがって、有名人等に特有の権利であって、一般公衆はパブリシティ権を有していないものと考えられます。

要点・用語　肖像権はどのように発生したのか？

肖像権については明文の規定はありませんが、デモ行進中の者に対して警察官が写真撮影したことに関する事件の中で、最高裁は「何人も、その承諾なしに、みだりにその容貌・姿態を撮影されない自由を有するものというべきである。これを肖像権と称するかどうか別にして、少なくとも、警察官が正当な理由もないのに個人の容貌等を撮影することは憲法13条の趣旨に反し、許されないものといわねばならない。」と判示（「京都府学連事件」）しました。憲法13条の幸福追求権に基づくプライバシー保護の観点からの判断です。その後判例の蓄積により個人の有する財産的価値を保護する面が加わり、現に形成されつつある権利です。

要点・用語　スナップ写真を書籍やインターネットに掲載する場合の問題

スナップ写真が著作物に該当する場合、利用するためには、被写体の人

> は撮影者に著作権についての許諾・譲受等を受けることが必要ですし、撮影者は被写体の人に肖像権について許諾を得ておく必要があります。撮影者または被写体の人はいずれも単独で利用できません。したがって、第三者が利用しようとすれば、撮影者と被写体の人の双方に許諾を得ておく必要があります。

腕だめしクイズの答えと解説

エピソードA

（正解2）

　飲料のラベルにロゴが表示されているときには、商標と見ることが一般的です。Aが提供したロゴが商標登録されていれば商標法の保護対象となります。ところが、Aが発見した商品は飲料でもない調味料であり、商標は「H」（エッチとしか読めないとする）とは異なる「Hamada」であるため、商品も商標も異なり（互いに類似する関係ではなく）、商標法の保護にはなじまないと言うべきです。

　意匠は、物品の形状、模様もしくは色彩またはこれらの結合であって、視覚を通じて美感を起こさせるものを言います（意匠法第2条1項）。飲料のラベルに表示されたロゴは、これに該当しません。

　では、著作権法ではどうでしょう。著作権法で保護されるのは「著作物」で

す。「著作物」とは「思想又は感情を創作的に表現したものであって、文芸、学術、美術又は音楽の範囲に属するものをいう。」（著作権法2条1項1号）と定義されています。

幼稚園児が書いた絵でも、絵画の著作物（美術の著作物）として保護されるのですから、市民感覚からすれば、デザイナーがオリジナルに制作したロゴなら美術の著作物として保護されそうに思われます。ところが、判例ではそのような結論には導かれていないのが現状です。

印刷用書体、デザイン文字に著作物性が認められるためには、従来のものに比較して顕著な特徴が認められるべきであり、さらにそれ自体が美術鑑賞の対象となりうる美的特性を備えることが必要であるというのが、裁判所の判断です。たとえデザイン的工夫がなされていたとしても、それが「美的創作性」の感得にいたるかどうかの問題を投げかけたものです。

原則として著作権法の保護は難しいと認識しておきましょう。

(参考)
Aビールロゴマーク事件
・最高裁：平成10年6月15日第一小法廷判決（平成8年（オ）第1022号）
ゴナ書体事件
・最高裁：平成12年9月7日第一小法廷判決（平成10年（受）第332号）

エピソードB

(正解1)
今回の観音像は、彫刻の著作物（美術の著作物）であって、著作権法の保護対象となります。

著作権には、複製権や展示権といった許諾や譲渡の対象となる財産権としての著作財産権の他に、譲渡の対象たりえない著作者人格権が含まれます。
　著作者人格権は、著作物を創作したときに、財産権としての著作権と同様に著作者に自動的に付与される一身専属性の権利です。著作者人格権が制作代金の支払いにより、制作者から発注者に権利移転することはありません。また、著作者人格権を譲渡する旨の契約を行った場合においても、その条項は無効となります。

　著作者人格権は、公表権、氏名表示権、同一性保持権より構成されますが、詳細は本文を参照してください。

　さて、上記中の同一性保持権は、著作物の内容や題号を意に反して無断で改変されない権利です。例えば、小説で悲劇を書いたのに勝手に喜劇に改変されたときの、著作者の精神的苦痛に対する解決手段として機能します。
　今回の観音像の仏頭部のみの変更は、著作者が拒絶しているように、意に反する改変であることは明白です。
　なお、今回のエピソードに関連した判決では、観音像制作当時の仏頭部に現状回復することのみを認める判断が示されました。

（参考）
観音像仏頭部すげ替え事件　平成19年（ワ）第23883号著作権侵害差止等請求事件：平成21年5月28日東京地裁

エピソードC

（正解2）
　今回の映画の著作物は、昭和24年に公表されたものでした。
　現行著作権法は1970年に制定されました。当時は映画の著作権の保護期間の終期は「公表から50年」でした（なお、平成16年1月1日施行の平成15年

改正法により現在の「公表から70年」の保護となりました）。

　ところが、昭和24年（1949年）に公表された映画の著作財産権の保護期間をチェックするのであれば、（公表当時の）旧著作権法もあわせて検討しなければなりません。

　旧著作権法は1899年（明治32年）に制定されました。団体名義の映画の著作財産権は、公表から33年間の保護、実名で生前公表された監督などの著作者名が確認できるものであれば、死後38年まで保護されます。旧著作権法により保護されていた映画の著作物は、現行著作権法（1970年制定）の施行により、どのように扱われるのでしょうか。

　現行著作権法の施行に際しては、経過措置が定められました。2つの重要な原則を確認しておきましょう。

・消滅していない権利に適用する（死んだ権利を蘇らせない）。

・旧法と新法を比較し、旧法の方が保護が厚いときは、なお従前の例による。

　この原則により、現行法の「公表後70年」と旧法の「著作者の死後38年」を比較することになります。旧法の方が現行法より保護が厚いのであれば、旧法によることとされます。当該監督が1998年に死亡したのであれば、死後38年である2036年12月31日まで著作財産権の保護が認められます。

　そこで、今回のケースであれば、現在も有効に保護される映画の著作物を無断でビジネスに利用したことになるのです。

(参考)

黒澤映画事件
- 知財高裁：平成20年7月30日判決（平成19年（ネ）第10082号「角川事件」、平成19年（ネ）第10083号「東宝侵害差止請求事件」）
- （一審）東京地裁：平成19年9月14日判決（平成19年（ワ）第8141号「東宝侵害差止請求事件」、平成19年（ワ）第11535号「角川事件」）
- （一審）東京地裁：平成20年1月28日判決（平成19年（ワ）第16775号「松竹事件」）
- （一審）東京地裁：平成21年7月31日判決（平成20年（ワ）第6849号「東宝損害賠償請求事件」）

チャップリン映画事件
- 知財高裁：平成20年2月28日判決（平成19年（ネ）第10073号）
- （一審）東京地裁：平成19年8月29日判決（平成18年（ワ）第15552号）

なお、旧法と現行法との関係にふれたものではありませんが、現行法下で50年の保護か、70年の保護かが争われた事例も、参考のため以下に記します。

シェーン映画事件
- 最高裁：平成19年12月18日第二小法廷判決（平成19年（受）第1105号）
- （一審）東京地裁：平成18年10月6日判決（平成18年（ワ）第2908号）
- （二審）知財高裁：平成19年3月29日判決（平成18年（ネ）第10078号）

【著者】

本間　政憲（ほんま・まさのり）

北海道生まれ。北海道大学（経済）卒業。住友商事で、鉄鋼製品の開発・営業等。
2002年弁理士試験合格、2003年「本間知的財産事務所」設立。
2009年に、知財コンテンツ制作等を目的に「TIP合同会社」設立。
「知的財産の有効活用」をライフワークとして精力的に活動中。

［漫画・イラスト制作責任者］

佐倉　豪（さくら・ごう）

1969年　大阪府生
1991年　徳島大学工学部卒業。博士（工学）。知的財産管理技能士1級。
漫画やアニメを活用することにより、分かりやすくて楽しめる教材コンテンツの制作を手がけている。

漫画・イラスト：佐倉豪、小野上武、みらいあすか、崇神宙

「episode」作成：上辻靖夫

マンガで学ぶ　藍ちゃんの著作権50講

2010年3月25日　第1版第1刷発行

著　者　　本　間　政　憲
　　　　　©2010 Masanori Honma
発行者　　高　橋　考
発　行　　三　和　書　籍

〒112-0013　東京都文京区音羽2-2-2
電話 03-5395-4630　FAX 03-5395-4632
sanwa@sanwa-co.jp
http://www.sanwa-co.com/
印刷／製本　日本ハイコム株式会社

乱丁、落丁本はお取替えいたします。定価はカバーに表示しています。
本書の一部または全部を無断で複写、複製転載することを禁じます。

ISBN978-4-86251-078-5 C2032

三和の知財シリーズ
Sanwa co.,Ltd.

生物遺伝資源のゆくえ
知的財産制度からみた生物多様性条約

森岡一 著
四六判　上製　354頁　定価：3,800円＋税

●生物遺伝資源とは、遺伝子を持つすべての生物を表す言葉であり、動物や植物、微生物、ウイルスなどが主な対象となる。漢方薬やコーヒー豆、ターメリックなど多くの遺伝資源は資源国と先進国で利益が鋭く対立する。その利益調整は可能なのか？　争点の全体像を明らかにし、解決への展望を指し示す。

【目次】
第1部　伝統的知識と生物遺伝資源の産業利用状況
第2部　生物遺伝資源を巡る資源国と利用国の間の紛争
第3部　伝統的知識と生物遺伝資源
第4部　資源国の取り組み
第5部　生物遺伝資源の持続的産業利用促進の課題
第6部　日本の利用企業の取り組むべき姿勢と課題

知的資産経営の法律知識
―知的財産法の実務と考え方―

弁護士・弁理士／影山光太郎著
A5判　並製　300頁　2,800円＋税

●本書は、「知的資産経営」に関する法律知識をまとめた解説書です。「知的資産経営」とは、人材、技術、組織力、顧客とのネットワーク、ブランドなどの目に見えない資産(知的資産)を明確に認識し、それを活用して収益につなげる経営を言います。本書では、特許権を中心とした知的財産権を経営戦略に利用し多大の効果が得られるよう、実践的な考え方や方法・ノウハウを豊富に紹介しています。

【目次】
第1章　知的財産権の種類
第2章　知的財産権の要件
第3章　知的財産権の取得手続
第4章　知的財産権の利用
第5章　知的財産法と独占禁止法
第6章　知的財産権の侵害
第7章　商標権及び意匠権の機能と利用
第8章　著作権の概要
第9章　不正競争防止法
第10章　その他の知的財産権
第11章　産業財産権の管理と技術に関する戦略
第12章　知的財産権を利用した経営戦略
第13章　知的財産権の紛争と裁判所、b弁護士、弁理士
第14章　知的財産権に関する国際的動向

三和の知財シリーズ
Sanwa co.,Ltd.

【完全図解】知的財産管理技能検定 2級テキスト［新版］

廣瀬隆行　編著
A5判　243頁　並製　定価：3,400円+税

・新試験「記述式」対応！
・合格に必要な知識は本書一冊で完璧！
・基礎から「やさしく」かつ「丁寧に」解説。
・重要語句を色分けし「穴埋め問題」に対応。
・理解度を高める図解を多数掲載。
・大事な箇所は　point　でアドバイス。
・重要条文を収録しているので他に法令集は不要。
・学習に便利な詳細解説付き。

【目次】
第1章　知的財産法
第2章　特許法・実用新案法
第3章　意匠法
第4章　商標法
第5章　不正競争防止法
第6章　著作権法
第7章　産業財産権4法以外

知的財産管理技能検定ガイダンス

露木美幸　著
A5判　113頁　並製　定価：1,200円+税

●国家資格となった知的財産管理技能検定とはどんな試験なのか？試験の概要や問題分析、勉強法を完全ガイド！合格体験記は必読。

【目次】
第1章　いま、注目を浴びる知的財産管理技能検定とは？
第2章　知的財産管理技能検定を受けるには？
第3章　2級・3級試験問題の分析と勉強法
第4章　第1回知的財産管理技能検定より
第5章　緊急レポート　合格体験記　私はこうして合格した！！

三和の知財シリーズ
Sanwa co.,Ltd.

【図解】
特許用語事典

溝邉大介 著
B6判 188頁 並製 定価：2,500円+税

特許や実用新案の出願に必要な明細書等に用いられる技術用語や特許申請に特有の専門用語など、特許関連の基礎知識を分類し、収録。図解やトピック別で、見やすく、やさしく解説した事典。

ビジネスの新常識
知財紛争トラブル100選

IPトレーディング・ジャパン（株）取締役社長
早稲田大学 知的財産戦略研究所 客員教授　梅原潤一 編著
A5判 256頁 並製 定価：2,400円+税

イラストで問題点を瞬時に把握でき、「学習のポイント」や「実務上の留意点」で、理解を高めることができる。知的財産関連試験やビジネスにすぐ活用できる一冊。

ココがでる!
知的財産キーワード200

知財実務総合研究会 著
B6判 136頁 並製 定価：1,300円+税

知的財産を学ぶ上で大切な専門用語を200に厳選！
ビジネスシーンやプライベートでも活用しやすい、コンパクト・サイズで知的財産をやさしく解説。

ココがでる!
知的財産一問一答

露木 美幸 著
B6判 168頁 並製 定価：1,500円+税

出題頻度の高い重要事項を網羅。『［完全図解］知的財産管理技能検定２級テキスト［新版］』（三和書籍）および問題集と並行してご使用いただくとより効果的。試験の直前対策として、知識の整理に役立つ一冊。